L’énergie du **souffle**

呼吸法から瞑想まで

「氣の錬磨」のすべて

生命《いのち》の力を高める

「呼吸」

KOKYU

公益財団法人合気会本部師範九段

多田宏

Hiroshi Tada

世界文化社

はじめに

本書は、二〇二三年パリのアシェット社から出版された『L'énergie du SOUFFLE』の日本語版です。ただし、フランス語版から日本の地理、歴史等の説明を簡略にし、代わりにフランス語版にはない解説、写真、イラスト等を加えました。

また、この本はフランス語版と同様、呼吸法、瞑想法等をこれから行いたいと思っている方、あるいは独習されている方等を対象にしたものです。従って、本書の内容は、心にも体にも、まずはやさしく実行できる方法を中心に記してあります。

そして、その方法と深い関係にある東洋三千年に及ぶ多くの先哲の教えは、一部参考のため欄外に記してあります。巻末の参考文献も参照してください。

私は、昭和三十九（一九六四）年ヨーロッパに渡り、イタリア、スイスを中心とし、ヨーロッパ各国で合気道の稽古、普及に努めました。日本の伝統芸術[※1]とも言うべき合気道をヨーロッパで行うには、日本の伝統文化が持つ大切な性格を明確にしておかねばなりません。そこ

※1 江戸時代には「芸術」は武術、主に剣術を指した言葉であったが、幕末、明治になって「art」（アート）の訳語として広く使われるようになった。本書では「芸術」を本来の意味で使用する。また、「芸術」についての啓蒙書に熊沢蕃山（くまざわ・ばんざん、1619 ~ 1691）の作と言われる『芸術大意』があり、『天狗芸術論』により知られる。

で、呼吸法、瞑想法等日本文化の根底にある、自己訓練の法に「気[※2]の錬磨」という名称を付け、これを行うことを会員に推奨しました。以来六十年が経ち、ヨーロッパでも呼吸法、瞑想法を日常生活に取り入れる人が多くなりました。

「気の錬磨」は合気道の錬磨、研鑽のため、磨いてきました。しかし、剣術の伝書の中でも、「剣術は勝負の技ではあるが、結局は〝心と体の妙用（世にも不思議な素晴らしい働き）〟にあるのだ」と言われているように、どのような訓練法も日常の全てのことと関係があります。

皆さんが呼吸法、瞑想法を生活の中に取り入れられるように、そして、この書が皆さんの生活にプラスになりますことを心から願っております。

※2 気の錬磨は、合気道の一用語として「kinorenma」とヨーロッパでも呼ばれている。

生命《いのち》の力を高める「呼吸」…………（目次）

二章　現代に活きる伝統 …… 43

万有共生
万有相愛

多田宏

推薦の辞

多田先生の教え

パオロ・カルヴェッティ
（ヴェネツィア　カ・フォスカリ大学教授
元東京イタリア文化会館館長）

一九六四年に多田宏師範がイタリアに渡られてから、イタリアで合気道を稽古する人たちは「気の錬磨」を行っています。それは多田先生が植芝《うえしば》盛平《もりへい》大先生の教えの奥行きを伝えるために合気の技を紹介すると同時に、その背景にある精神的な要素を養うのに一連の稽古法を独自に導入されたからです。独自にと言いましても、その稽古方法は先生がご自身で経験された、いくつかの体験から得られた知識、能力、智恵を練り込みながら創造した結果で、しかもその稽古方法は東洋的な思想と実践に基づいている宝物です。

どの国でも言えることですが、特に日本の場合は古代から思想・宗教に対して排他的な姿勢がなく、外国（中国、朝鮮、インド）からの宗教や思想の要素を取り入れてきたのです。キリスト教の普及以降、西洋で考えがたくなったシンクレティズム（混合主義、習合主義）

は日本では古くから神仏混交のようにむしろ思想と実践の主流で、その文明の発展の長所でした。

多田先生の稽古法も、特に気の錬磨は、いろいろな要素を練り上げて出来上がったものと思われます。瞑想を行い、生命力を高める呼吸法や精神的な安定を得るのに役立つ方法を常に研究しながら、合気道の門人にその稽古方法を紹介してきたのです。コロナ禍までは年に少なくとも二回イタリアで国際研修会を主催して、合気道と気の錬磨の指導をしてくださったのです。現在アメリカやヨーロッパで流行して、スポーツ選手も行っている瞑想や集中力を高めるためのトレーニングのようなものは、実際にはイタリア合気会の会員が多田先生に六〇年代から教わっているものです。そういう意味でもイタリア合気会の門人は非常に恵まれていると言えるでしょう。

この度「気の錬磨」の稽古の方法をこのように纏まった、しかもわかりやすい形で先生が著してくださったことは誠に有り難く思います。日本語版が発刊されることになり、日本やイタリア、スイス、フランスなどで多田先生が行ってこられました数多くの稽古のやり方をこの本で総合的に紹介されることは非常に記念すべき出来事です。これからも生命力を高め、精神的な安定を得て、健康に生きていきたい方々のために大変参考になる著書だと思います。

推薦の辞

〝気の錬磨〟を学ぶ必読の書

クロソフスカ・ド・ローラ　節子
（ユネスコ平和のアーティスト
〝バルテュスのアトリエ会〟会長）

小学生の頃、当時は不治の病であった肺結核を患い長い間床に着いた日々を送っていました。その私が全快出来ましたのは、ヨーガ哲学者である中村天風《なかむらてんぷう》先生のおかげです。小学四年の夏休みから天風先生が東京の護国寺で開かれていた夏期修練会に通い始め、当時早稲田大学生の多田先生と初めてお会いしました。この修練会に参加し始めてから私の身体はみるみる元気になり気が付いたら全快しておりました。イタリアで生活を始める二十三歳まで毎年続けて修練会に参加しておりました。天風先生から長年にわたり受けました〝心身統一法〟や〝積極観念の養成法〟等の教えは私の人生の道しるべであり、今も学びつつ歩み続けております。数年にわたる修練会期中、天風先生の愛弟子として活躍されていた多田先生のお姿は今も目蓋に鮮やかに甦ります。

多田先生は天風先生の教義の原理を深く研究し実行され、実生活の全ての中に美しく生かされておられます。同時にご専門の合気道の中に御自身の創造力で学ばれた全ての教義を発展させて編まれたのが、〝気の錬磨〟の教えであると思います。現存する天風先生の後継者のおひとりとして敬服しております。

一九六七年にイタリアで合気道の道場を開かれた多田先生は、その後スイス、フランスでも近年まで講習会を実施され、パリでの折には私も必ず参加しておりました。〝気の錬磨〟の御本は最初仏語で出版され、フランスのみでなく仏語国ベルギー、スイス、カナダまで広がり国際性を宿す書です。

生きる人間の証である呼吸、そのための数々の方法や、瞑想の世界への導入法を学び得る事は、現在の雑然とした世界の動きの中で、異常気象変化に喘ぐ地球上で生き抜くための必読の書と申せます。宇宙のエネルギーと同化する秘訣を悟る人は、健全な社会の土台石となり得る人であり、地球上に美しい自然と世界の平和を求める人でもあります。多田先生の人の世のために尽くしたいという秘めた情熱が籠っている玉書です。

私の先生

昭和二十五（一九五〇）年、二十歳の学生であった私はまるでなにかに導かれるように、合気道開祖・植芝盛平先生、二代道主・植芝吉祥丸《きっしょうまる》先生、心身統一法の中村天風先生、そして山岡鉄舟《やまおかてっしゅう》師の教えを継ぐ一九会《いちくかい》道場の日野正一先生ご夫妻と巡り会い、生涯の師として仰ぎ、この道を歩むこととなりました。

植芝盛平先生

誠[※1]をば更に誠に練りあげて
顕幽一如《けんゆういちにょ》の真諦《しんたい》を知れ――植芝 盛平

和歌山県田辺《たなべ》に生まれる。幼少の頃より弘法大師《こうぼうだいし》の事績に心を引かれ、紀州熊野の山野を巡る。日露戦争に従軍。明治四十五・大正元（一九一二）年北海道開拓の紀州団長となり、北海道白滝村《しらたきむら》に入り開墾に力を尽くす。大正四（一九一五）年二月旅行先の遠軽町《えんがるちょう》で大東流合気柔術の[※2]武田惣角《たけだそうかく》先生に会い武道の目を開く。武田先生を白滝村にお招きし研鑽修行をする。

合気道開祖 植芝盛平先生
明治16（1883）年12月14日
～昭和44（1969）年4月26日

※1 道歌。その道の教えを歌（和歌・短歌）に詠んだもの。植芝盛平先生は多くの道歌を遺された。

※2 武田惣角（1860?～1943）武道家。会津藩に伝わる武術を学んだといい、大東流合気柔術を広める。

大正八（一九一九）年十一月父危篤の知らせで帰郷の途中、出口王仁三郎《でぐちおにさぶろう》[※3]聖師の世評を聞き京都府綾部《あやべ》に寄り師に会い感銘を受ける。ご尊父の死後、一家をあげて綾部に移住し、神道の修行を行い抜群の進歩をし、宇宙と一体となる体験から、「武術は愛なり」を悟る。技も神技となり、綾部に優れた武道家がいることが武道の世界で有名になる。特に舞鶴の海軍鎮守府の将校が多数入門した。竹下勇《たけしたいさむ》海軍大将に東京へ出ることを勧められ、これを実行する。昭和六（一九三一）年東京若松町に植芝道場皇武館《こうぶかん》が設立される。昭和十五（一九四〇）年四月厚生省（当時）より「財団法人皇武会」として認可された。初代会長には竹下勇海軍大将、副会長には林桂《はやしかつら》陸軍中将、役員には近衛文麿《このえふみまろ》公爵、前田利為《まえだとしなり》侯爵、二木謙三《ふたきけんぞう》博士等がおられる。これが公益財団法人合気会の前身であり、今日、世界に広がっている合気道[※4]本部道場である。

植芝吉祥丸先生

植芝盛平先生の三男。早稲田大学政経学部卒業。第二次世界大戦終了後、植芝道場皇武会の会員に連絡を取り、昭和二十三（一九四八）年文部省認可の財団法人合気会[※1]として発足、合気道発展の

合気道二代道主
植芝吉祥丸先生
大正10(1921)年6月27日
～平成11(1999)年1月4日

※1 公益財団法人合気会
http://www.aikikai.or.jp/
植芝守央《もりてる》合気道三代道主が理事長を務める。財団設立80余年の歴史があり、現在、世界約140ヵ国に合気道は広まっている。

※4 合気道　合気道とは植芝盛平先生により確立された近代武道であり、「合気」とは「人と人の気の感応・心の和」「人と宇宙の気の融合」「人間生命と宇宙生命の合一」「神人冥合」「宇宙と一体となる」等を表す言葉である。

※3 出口王仁三郎
(1871～1948)宗教家。「大本」の二大教祖の一人で大本の基礎を築く。尊称は聖師。

基礎を固められた。昭和二十五年四月より、毎月第二日曜に、各界の要人、芸術家、学者等を招き合気座談会[※2]を開かれた。また『合気会報』を発行、これが現在の『合気道新聞』となる。都内の焼け残った場所、デパートの屋上、ホール、日比谷公会堂で公開演武会を行い、全国各地に合気道を根付かせ、各大学へも普及させて関東学生合気道連盟、全国学生合気道連盟を設立。さらに、世界各国にも合気道を普及し、国際合気道連盟（IAF）も創設された。

中村天風先生

安定《あんじょう》の打坐密法の真諦は
心耳《しんじ》を澄まし空《くう》の声聴く——中村 天風

日露戦争（一九〇四〜一九〇五）では大本営陸軍情報部員（軍事探偵）として、満蒙で活躍する。戦後、重度の肺結核を発病し軍医より余命三ヶ月と宣告される。活きる力と人生の真理を求め、アメリカ、ヨーロッパの優れた学者を訪ね遍歴するが、答えを得られなかった。日本で死ぬことを決意し帰国の途につくが、エジプトのアレキサンドリアでヨーガの聖者カリアッパ師と出会い、病を指摘され「活きたければ、付いて

オラピンダー[※1]　中村天風先生
本名：三郎。明治9（1876）年7月30日〜昭和43（1968）年12月1日

※2 昭和25年、合気座談会。旧植芝道場にて

※1 オラピンダーはカリアッパ師から与えられたヨギ（ヨーガ行者）名

※2 中村天風財団
（公益財団法人天風会）
https://www.tempukai.or.jp/
創立は大正8（1919）年。天風先生の「心身統一法」を普及する公益法人。公式HP「創立100周年スペシャルインタビュー」に、著者も登場。

来なさい」の言葉に従いヒマラヤ・カンチェンジュンガの麓ゴークの村で三年間ヨーガの指導を受け、病を克服する。帰国の途次、上海で旧友孫文の決起を知り辛亥革命に参加する。帰国の後、実業界に入り数年にして、東京実業貯蔵銀行頭取をはじめ幾つかの会社の役員となる。

大正八（一九一九）年六月八日。突如感じるところあって、その一切の社会的地位を放棄、万人救済の願望をたて統一哲医学会※2（天風会）を創立し※3活動を始める。門下生は皇族、学者、芸術家をはじめ各界にわたる。

日野正一先生、みちゑ先生

晴れてよし曇りてもよし富士の山
もとの姿はかはらざりけり——※1山岡 鉄舟

※2一九会道場は、山岡鉄舟先生の最後の内弟子であった※3小倉鉄樹《おぐらてつじゅ》先生（一八六五〜一九四四）を師と仰ぎ、大正十一（一九二二）年に、東京帝国大学漕

撮影・著者

一九会道場

みちゑ先生
明治33（1900）年9月21日
〜平成2（1990）年11月8日

鉄叟日野正一先生
明治34（1901）年2月25日
〜平成2（1990）年2月2日

※1 山岡鉄舟（1836〜1888）　剣・禅・書の達人であり、江戸無血開城の立役者として知られる。この歌は、山岡先生が三島の龍澤寺の星定和尚のところへ坐禅に通っている際、箱根で富士を見て、豁然大悟した時の歌である。〔小倉鐵樹著『おれの師匠 山岡鐵舟先生正傳』〕

※3 心身統一法は、天風先生の実体験からきた実践哲学です。先生はハタ・ヨーガ、カルマ・ヨーガ、ラージャ・ヨーガを学び、独自の訓練法を創出。難解な教えをやさしく実行できるように説かれた。

艇部（ボート部）の学生であった人たちが中心となり、東京豊多摩郡野方村（中野区野方町）に設立された、禅と禊《みそぎ》による、神仏一如、万有一元、生死脱得の体得を目的とする修養団体である。一九会の名の由来は、毎月十九日に集い修行を行ったことによる。修行の気風は、かつての山岡道場春風館を継ぐと言われている。

昭和十八（一九四三）年鉄樹先生御長逝の後は、先生に二十五年間師事された鉄叟《てっそう》日野正一先生ご夫妻のご指導により、修行が続けられていた。関東大震災、戦争にも焼けずに残った中野区野方町の道場は、周囲に人家が建て込む等の事情から、昭和三十九（一九六四）年、東京都東久留米市前沢に移転した。

平成二年に日野正一先生ご夫妻が亡くなられた後は、大先輩の方々を中心として修行が行われている。[※4]合気道多田塾では早稲田大学合気道会ＯＢの坪井《つぼい》威樹《たけき》八段が中心となりＯＢ、現役の学生及び各関係道場の会員も引き続き入会して、修行を続けている。

※2 一九会道場
https://www.ichikukai.com/
山岡道場の精神を受け継ぎ、創建時と変わらず厳しい修行を行う、創立100周年を超える禅と禊の道場である。

※3 日本画家の小倉遊亀先生は、鉄樹先生の夫人である。女性初の日本美術院同人であり、日本を代表する女性画家の一人。

※4 本書の著者である多田宏師範に指導を仰ぐ門人の集まり。

（一章）

「気の錬磨」とは

「気の錬磨」へ至る道

植芝道場、入門

私が植芝道場に入門※したのは、昭和二十五（一九五〇）年三月四日早稲田大学の学生の時でした。植芝道場は大学から歩いて十分ほどの若松町にありました。戦争が終わり五年経っていましたが、未だ東京の至る所に焼け跡がそのまま残っていた時代です。

私が入門した時、植芝盛平先生は、先生の故郷である和歌山県田辺の方にご旅行中でした。道場の稽古は、当時の若先生、植芝吉祥丸先生がされておりました。稽古時間は朝夕六時半から一時間で、残り時間は全て自由稽古を行うことが出来ます。稽古人の数は多いときでも五、六人で、そのなかの熱心な稽古人の一人、菊池《きくち》登喜雄《ときお》さんが剣道五段で早大剣道部の主将でした。「合気」の道に入るに当たって直接若先生の稽古を受け、菊池さんに剣の道からみた合気道の手ほどきを受けたことは、合気道探究の道を歩み始めた私にとって有難いことでした。

数日後、朝稽古の後、十一時頃まで菊池さんに稽古を受け、抜弁天の大通りに出ると突然

※合気道を始めるために植芝道場に入門したというより、植芝盛平という傑出した武道家がおられる、その先生について修行する気持ちで入門した。当時、合気道は一般に公開されてなく見たこともない。当時の弟子も同様で、武道の心得がある者ばかり。戦前の日本には全国に武道教官がおり、職業的な武道家も多く、その武道家の頂点に立たれたおひとりが、植芝盛平先生であった。

菊池さんが「大先生がお帰りになった」と言い走り出しました。菊池さんはお迎えの挨拶を済ますと私を先生に紹介してくれました。「先生、今度入門した多田さんです」。お辞儀をして頭をあげた私を、先生はじっとご覧になり、帽子をお取りになり「植芝でございます」と学生服姿の私に驚くほど丁寧なお辞儀をされました。その時、私の全身に不思議な感動と振動が走ったのを、今でもはっきりと記憶しています。

植芝盛平先生の朝の稽古は敬虔な祝詞《のりと》奏《そう》上《じょう》から始まりました。先生のお教えを受けた者で、朗々として道場にいる全ての人を覆う祝詞奏上の声を思い出さない人はいないと思います。

祝詞奏上が終わると先生は門人の方をお向きになり一礼されて立ち上がり、呼吸法をされます。そして「天のとり舟」「振るたま」の行をされます。その後、先生は丁寧に門人を一人一人投げられ、私たちはそれを稽古します。ある時間がたつと先生が「申しあげます」と言われ技を替えられました。先生の稽古は、

上：植芝盛平先生の杖の稽古風景。昭和6（1931）年に建てられた旧植芝道場にて
下：昭和30（1955）年頃、植芝盛平先生の受けを取る著者（当時、五段）

すべてにわたって、丁寧な言葉と動作で行われます。戦前、植芝道場には、皇族、華族、陸海軍の高官が稽古に来られていたというだけでなく、丁寧な動作、言葉遣いはそのままその芸術に表れます。植芝盛平先生の動きは勇壮でありながら荒々しくなく緻密であり、一瞬にして相手を倒す動きのなかにも、道場にいる人全てを包む暖かさがありました。人と人との隔たりを超え、道場の全てが先生と共に呼吸を始めるような不思議な雰囲気に包まれていました。これが「気の錬磨」の原点です。

初めて植芝盛平先生の稽古を受けた次の日、大先生は当時住まわれていた岩間町（現・茨城県笠間市）へ帰られました。

「気の錬磨」へ至る

入門して三週間ほどたった日、先輩の横山有作《よこやまゆうさく》さんに「大先生のご指導を受けに行く。君も来ないか」と誘われ、岩間（現・笠間市）へ稽古に行きました。上野駅から蒸気機関車に引かれた常磐線の列車に乗り、二時間ほどで着きました。辺りには、夕闇が迫っています。有作さんが来意を告げると、大先生は「よく来た、よう来たのう」と満面笑顔となられました。

翌朝の稽古は、日の出前から始まります。この日から食事と休憩時間を挟み一日中、大先生の稽古を受けることが出来ました。この三日間の稽古で、植芝盛平先生の合気は、想像で

早大生時代。戦後間もなくであり、軍服を仕立て直した学生服であった

cf.『合気道に活きる』p.65 以下、前著に詳細のあるものは、参考のためページ数を記載する。

※1 黒田亮（くろだ・りょう、1890～1947）心理学者。京城帝国大学教授。文献学、動物心理学のほか、禅、中国思想など幅広い分野で活躍。『勘の研究』『続・勘の研究』ほか著書多数。

きないほど深遠な道であることを感じました。その約一週間後に、第一回の「合気座談会」が開かれます。演武された大先生はこの時、「合気は気の流れと鍛錬であります」と言われました。本部道場、岩間道場での稽古の時、大先生は技の説明はされません。芸術は師匠の心から弟子の心へと、以心伝心で伝えられ同化するものだからだと思います。しかしこの会は門人だけの会とは異なったため、合気全般について説明されました。私の合気道探究は、この「気の流れと鍛錬」の解明を目標として始まりました。

演武を見学しながらですと、先生のお言葉は即座に納得できます。ところが、一人になって稽古をする時、どうすれば、「気の流れ」の稽古を行うことが出来るのか、若かった私には皆目見当がつきません。しかし、日本の伝統的な考え方や、その背景にある東洋的なものの考え方を知ることの大切さ、重要性は感じていました。といいますのは入門後すぐ、長く稽古をされてきた奥村繁信《おくむらしげのぶ》さんから、戦前の武道家は皆読んでいたという黒田亮先生[※1]の『勘の研究』『続・勘の研究』を「多田君、武道を探究するならば、まずこの本を研究したまえ」と渡されており、禅の悟りや剣法の極意などについても書かれたこの古典を読んでいたことから思えたことです。

また、横山有作さんからは、心身統一法の中村天風先生、一九会の日野正一先生を紹介されて入会します。そして断食行などの修行、学びを重ねることとなります。大学卒業後は就職せず、合気道を通じて日本伝統文化の歴史的流れを研究し、日本の伝統文化の復興を通じ

cf.『合気道に活きる』p.105

旧植芝道場での演武会、植芝盛平先生

道主御誕生祝の会にて、植芝盛平先生ご夫妻
撮影・著者

て、微力ながら日本国の復興に寄与することを終生の目標とすることを決めました。

二十代半ばからは、官庁、大学の合気道会等で稽古を行うようになります。まだ日本社会が混沌としていた頃であり、伝統的なことに心が働かない世の中でもありました。稽古を行う時、欧米の風潮、科学的思考法を尊重するあまり、人々が東洋的な心の世界（見えない世界）から離れてしまっていることを実感し、白紙の状態の初心者であっても行える稽古法を調える必要性を感じました。

ご指導を受けた多くの先生方、先輩方からの教えは数千年の歴史を有する東アジア文化の教えの結晶であり、深遠な哲学を背景に持っています。私はこの膨大な教えのなかで、最も基礎的で行うべき呼吸法、瞑想法、健康法の一部をまとめ、稽古を行うことを実行しました。これが、気の錬磨の始まりです。

「気」とはなにか

「気の錬磨」とは、「気」と「錬磨」、二つの言葉から成り立っています。「錬磨」とは練り磨くこと、特に深く精神、技芸、学問等を練り込み、磨くことを言います。

気を錬磨し、それに基づいて稽古を行うためには、まず「気とはなにか」を明確に断定して行います。「気」は、心の働き、雰囲気などあらゆる「見えない世界」を表す時に、日常生活で大変よく使われる言葉です。

※1『広辞苑』の語義を参照すると、「❶ 天地間を満たし、宇宙を構成する基本と考えられるもの。また、その動き。（略）③万物が生ずる根元。❷ 生命の原動力となる勢い。活力の源。」となる。

元気、勇気、活気、心気、人気、気力、気配、気持ち、天気、気候、電気、磁気、気体など、気が付く、気がいい、気が晴れる、気が合う、気が多い、気が気でない、気が向くなど。枚挙に暇がないほどです。ここに挙げた語でもわかるように、気（き）、気（け）という言葉は主として人間の情緒的な面、雰囲気を表す言葉として、また自然の事物では流動的な性質を表す場合に用いられることが多いのがわかります。

そこで本書における「気」とは、「[※1]宇宙を構成し、その活動の根本要素である」とします。

また、この見えない世界について、京都大学名誉教授で学際学者の[※2]岸根《きしね》卓郎《たくろう》先生は、「気は電子の波動エネルギーであり、それは身体と精神、それゆえ肉体と心を結びつける心身一如化の役割を果たしているばかりか、瞑想を通じて東洋の神秘思想（仏教など）の形成にも深く関わっており、極めて量子論との関係が強いと考える」と指摘されています。

さらに、「気」は、インドのヨーガ哲学における[※3]プラーナとほぼ同義語であります。私が天風会に入会した昭和二十五（一九五〇）年頃には、日本でヨーガ哲学と行法について知る人は極めてまれでした。ヨーガ哲学及びその行法の[※4]起源は、遠く紀元前二、三千年にさかのぼると言われます。現存するインドのあらゆる宗教の中に、ヨーガの思想と行法が見出されると共に、ヨーガは世界の全ての宗教の源であるとも言われており、その哲学と実践法は、今や[※5]世界に広がっています。

※2 岸根卓郎（1927年～）京都大学名誉教授。『文明論-文明興亡の法則』『量子論から科学する見えない心の世界　心の文明とは何かを極める』ほか著書多数。

※3 サンスクリット語のプラーナは、英語では絶対的エネルギー（absolute energy）と訳されている。

※4 ヨーガはサンスクリット語から派生した語で、「結合する、馬を馬車につける」等の意味で、心の動きを抑え統制する訓練は馬を御するのに似ている事から、行法をヨーガと呼ぶようになったのであろうと言う。

※5 国際ヨーガの日：2014年、国連では6月21日を「ヨーガの日」と定め、世界中で行事が行われる。日本でも盛んになっている。

「気の錬磨」の目的

本書で説く「気の錬磨」の目的は、「三千年にわたる先哲の教えを基とし、現代に活きる法則に従って、命の力を高く強くし、心と体の使い方に熟練すること」、そして「芸術、文化、愛と平和を貴び、明るく積極的に活きること」にあります。

「気の錬磨」の稽古は、いわば源流から川下に向かって流れる川の勢いと同じようなエネルギーの流れです。従ってこの流れに合うように、「気心体の一致」、「見えない気と心」と「見える体」が自然と相応し、一致する訓練を行えるようになることです。

イタリアでの講習会

ヨーロッパでは、この※訓練法を合気道の稽古と共に、昭和三十九（一九六四）年イタリアに着いた時から始めました。一九六八年、ヴェネツィアで二週間行ったイタリア合気会第一回夏期国際講習会では、参加した人々と共に朝六時から夜九時まで一心に稽古を行いました。合気道の技と気の錬磨を一緒に行うにはこのくらいの時間が必要でした。講習会の後で、気の錬磨について会員が言うには「日常の稽古ではなかなかわからなかった、技を行う時の気持ちの在り方、心と技が密接な関係にあることなどがよくわかり、とても良かった」ということでした。

その後、イタリアでは前半は気の錬磨、後半は合気道の稽古と、集中して二週間ほど講習

※ 日本で合気道の稽古に組み入れていた訓練法を、海外で講習会を行うにあたり仮称的に用いた「気の錬磨」が定着した。イタリアでの稽古は、日本のように黙って行っては会員が理解しがたい。特に呼吸法、瞑想法のような見えない世界につながる稽古は説明、言葉の使い方の工夫が必要で、日本での直感的稽古法を活かしつつ、同時に説明演武を行った。

上・下：「1000人の呼吸法」
イタリア合気会創立40周年記念講習会（サン・ラッザロ・ディ・サーヴェナ、ボローニャ）
参加者と「呼吸合わせ」を行う。
2004年10月〜11月

会を行うようになりました。令和元（二〇一九）年末まで毎年欠かさず渡欧し、主にヨーロッパ各国で行ってきました。イタリア合気会による周年記念の講習会には、世界各国から一〇〇〇人以上の参加者があります。日本からも二、三〇〇人の参加者があり、一緒に稽古を行っております。

なお、日本でも、「気の錬磨」は各道場、大学の合気道会などにて、稽古の中に自然と組み入れるように行われています。

イタリア合気会50周年記念講習会にて、三代植芝守央道主（ローマ）、2014年

演武をされる道主

東アジア文化の影響

地理的特徴と文化の流れ

世界地図を見るとインド、ネパールの北に雄大なヒマラヤ山脈があります。そこから西へ進むと、西アジア一帯は厳しい砂漠が広がり、ヨーロッパでは広大な草原が広がっています。このような地域では狩猟が主となり牧畜が盛んとなり、荒野を耕し自然を改造してゆく文化が起こり伝えられてゆくことになります。宗教は厳格な一神教が起こり、やがて「物心二元論型文化」が進み、科学が発達する世界が確立、ヨーロッパ文化の特性は、その論理性にあると言われます。

これに対して、東アジア一帯は雨が多く、また森林も多く、季節にはモンスーン、台風が必ず起こり猛威を振るっています。人々は森林を伐採し、そこを協同で耕し農耕文化が栄えることになります。毎年起こる巨大な力を発揮する自然には抵抗せず、共に活きる文化が発展することとなりました。このような自然と一体になって活きる生活の中から、人間の感情も自然の中に溶け込み、神と自然と人間は同体であるという発想が芽生え、これが東洋独特の「天人合一《てんじんごういつ》」の思想を生みだします。

その風土から、瞑想生活を好む人々の中から天才的な思想家も出て、自然と共生する精神文明へと発展し、宗教も多神教となり、これが「物心一元論型文化」へ発展したと言われます。

日本文化の特徴

東アジアの東端、太平洋に浮かぶ日本を囲む海は荒く急流のような流れがあります。そのため、日本人は外国軍の侵攻も少なく、異民族の支配を受けたことはなく、中国大陸で早くから発達した文化、特に漢字の伝来、国内における使い方の個性化によって、大陸から伝来する精神文化の書物が正しく理解されることになります。このような文化渡来の多くは朝鮮半島を通じてです。

朝鮮半島と日本との間には玄界灘と呼ばれる海峡があり、そこには私の父祖の地でもある対馬と、壱岐という二つの島があります。朝鮮に近い対馬と九州の間は一〇〇キロありますが、朝鮮の南端までは四八キロ、どちらの国からも互いに見える距離です。太平洋の南で生まれた海流、黒潮が南方で二流に分かれ、主流は本州の南へ、分流が対馬海流となって対馬の南北を東に向かい流れます。この流れは強く速く、季節によっては非常に荒れます。しかし古代から日本と朝鮮半島の間では歴史で習うよりはるかに多くの交流が行われたのは確実です。

弥生時代には大陸との交流により、水稲耕作が始まります。稲作が広がるにつれ、開墾して耕作地にする大作業を行わなければならず、大勢の人々が協力して生活を守り行う気風が定着します。

大陸からの教学と宗教の伝来

儒教の伝播

五一三年、朝鮮の国、百済《くだら》から大和政権に儒教が伝来しました。儒教は孔子《こうし》※1の教えを基に成立した儒家の実践的倫理思想とその教えの総称で、日本文化に大きな影響を与えました。孔子の教え『論語』※2は、中国から東アジア一帯のみならず全世界に広がっています。日本では特に徳川時代になると幼年の頃から『論語』を暗誦するようになりました。明治維新以後も教育の中で論語の教えは大事にされ、明治十六（一八八三）年にお生まれの植芝盛平先生は、七歳頃から近くのお寺の私塾で、四書五経の手ほどきを受けられました。

孔子が説いた理想とする道徳「仁」、社会の秩序「礼」の教えは、日本の歴史に大きな影響をあたえ、鎌倉時代から幕末まで続いた武家社会の中核の精神となっています。この孔子の教えを元とする儒教は中国において、時代ごとに優れた弟子により多くの学説を生み出しています。子思《しし》の作と伝えられる『中庸《ちゅうよう》』では、人と宇宙の関係にまで広がり、「天人合一」が説かれました。朱子学は日本でも重要な学問となり、武士の世界で大きく広がりました。

※1 孔子（紀元前552 ?～479）中国春秋時代の哲学者であり思想家。儒家の始祖。〝孔〟は姓、〝子〟とは尊称で先生・師の意。

※2『論語』の冒頭、子の曰《のたま》わく 学びて時にこれを習う、亦《ま》た説《よろこ》ばしからずや／朋《とも》あり、遠方《えんぽう》より来たる　亦《ま》た楽しからずや／人知らずして慍《うら》みず、亦《ま》た君子ならずや。〔出典：金谷治訳注『論語』〕
この孔子の言葉を我々の祖先で唱えなかった者はいないであろう。

また、中国では、古い時代から「気」は思想・哲学・医学の重要な用語として、常に中心的課題であり、「気」についての論議は長い歴史を通じて膨大なものがあります。

私が「気」という言葉で思い出すのは、『孟子《もうし》』※3の「浩然《こうぜん》の気」※4です。私が通った第一東京市立中学校（現・千代田区立九段中等教育学校）に、「至大荘」という寮が千葉県興津《おきつ》町、守谷海岸にあり、夏・冬合宿が行われ、夏には遊泳訓練、冬には海での禊がありました。『孟子』の「至大至剛《しだいしごう》、浩然之気」が出典で、「浩然の気を養うべし」という教育方針から名付けられ、当時の四宮茂校長がこの言葉の意義を幾度となく説かれたものです。

外来宗教と文化

仏教は儒教と共に日本文化を大きく動かした外来文化です。植芝盛平先生も幼少の頃より、真言密教の鎮魂法、熊野地方に伝わる弘法大師の奇跡説話に深い関心を抱かれていました。

公式に日本に仏教が伝来したのは、五三八年、朝鮮の百済国の聖明王《せいめいおう》の使いが欽明《きんめい》天皇に、金銅の釈迦如来像や経典仏具などを献上した時でした。仏教とは紀元前六世紀「仏となる教え」を基に広がりました。ゴータマ・シッタールダはヨーガ哲学の修行に励み偉大なヨギ（悟りを開いた人）でもあります。このため仏教の中にはヨーガ哲学の修行法がはっきりと残っています。

紀元前後頃、インド国内で改革派の仏教「大乗仏教」が起こります。従来の仏教が出家者

※3『孟子』は孟子と弟子の一人である公孫丑との問答を集めた書。

※4『孟子』公孫丑編より、「浩然の気を養う」とは、「気」がこの上もなく大きく宇宙一杯にまで広がる〝至大至剛〟であり、屈せず悠々たるものであるという。〔出典：小林勝人訳注『孟子』〕

中心、自利中心であったのを小乗仏教（上座部仏教）として批判し、それに対し、自分たちを「菩薩」と呼び利他中心の立場をとりました、日本に流入した仏教は、この大乗仏教です。

インドで生まれた仏教は、一世紀には中国に浸透したといい、老子《ろうし》、荘子《そうじ》等の思想と混合した特色ある禅宗などが生まれました。また、遣隋使、遣唐使等で最澄《さいちょう》、空海《くうかい》などの優れた僧が中国で学び、その時代で最も新しかった仏教である密教を持ち帰り、比叡山天台宗《ひえいざんてんだいしゅう》、高《こう》野山真言宗《やさんしんごんしゅう》を日本に広めました。この密教の伝播が政治、文化に大きな影響を与えることになります。

また、中国古代の道家思想を伝える荘子は、老子と共に我が国の文化武道、芸術の思想と技術にも大きな影響を与えました。自己を放ち棄てて絶対的なもの――万物の存在を貫く理法――に心身を任せきることを説き、禅にも大きな影響を与えたと言われています。

江戸時代には、意味深く難しい思想を説く荘子が、誰にも読みやすく愉快な寓話を主として翻訳され、『田舎荘子』[※1]として出版されました。道に即した人の喩えとして、「木鶏《もっけい》」が知られています。佚齋樗山[※2]が著した『猫之妙術』という書物にも載っています。この一書を山岡鉄舟が秘蔵し愛読していたという話があります。

※1 中野三敏校注『田舎荘子・当世下手談義・当世穴さがし』（新日本古典文学大系）

※2 佚齋樗山（いっさい・ちょざん、本名丹羽十郎左衛門忠明）下総国関宿藩の重臣。著書に『天狗芸術論』『猫之妙術』等。

日本古来の神道について

神道は、日本で自然に発生した民族信仰です。「惟神《かんながら》の道《みち》」（古代から伝わる神の御心のまま）とも言います。神道には、教祖や経典が存在しません。日本人の生活、文化の全てに浸み込んでいます。私自身、多田の家では、春分の日と秋分の日、先祖の祭りを行っていました。床の間に先祖の御絵像をかけ山海の食品を飾り、近くの熊野神社の神主さんを招き祝詞を奏上していただくのです。その神主さんの祝詞を奏上する独特の声の出し方が印象に深く残っています。それが植芝道場に入門して、稽古の前に植芝盛平先生があげられる祝詞奏上の、瞑想的効果を感じ取る基となりました。

神道は外来の文化を拒まない大きな心をもっており、神道は現代に活きる我々日本人の中に活きています。さらに、日本の特徴は天皇のおられることです。全ての文化に大きく関係があります。武家政治が源頼朝以来、七〇〇年も続きましたが、政治を行う幕府の首長、征夷大将軍は天皇により任命された官職であり、日本全国の武士は天皇の臣下ということになっておりました。

ところで、『古事記』※1の序に、「稽古照今《けいこしょうこん》」とあります。「古《いにしえ》を稽《かんがえ》て今に照らす」。意味は「昔を参考にして、今の世を明らかにする（正しくする）」です。ただし、ここでいう「稽」という字は「貴《たっと》んで」という意味を含んだ言葉です。現代の我々が「合気道、柔道、剣道、書道、茶道、花道（華道）」などの勉強、練習や訓練を「稽古」というのは、ここから始まっております。

※1『古事記』は天地開闢から、建国の由来、歴史を説いた、現存する日本最古の書物。

日本の特徴

東西古今の文化潮流

古来日本では、海外から渡来した文化を拒絶することはせず、融和同化して、良いことは受け入れる習性がありました。ここに述べた大陸から伝来した儒教、仏教、老荘の教えが、日本伝統の神道と共に、現代に至る日本文化を作り上げました。

さらに近代となり明治時代からは「物心二元論型文化」の下で、科学等の極度に発達したヨーロッパ、アメリカ文明も吸収し、これからの日本の文化発展を模索中という、日本はまさに、東西古今の文化の潮流が、一つになって渦を巻く大きな島国です。

宇宙、時間と空間

我々現代の日本人は「宇宙」[※1]と「人間」という言葉を普通に使っています。二〇〇〇年前、「宇宙とは時間、空間である」と中国、前漢時代の思想家は記していました。『[※2]淮南子《えなんじ》 斉俗訓』に「往古来今、之れ宙と謂《い》ひ、四方上下これ宇と謂ふ」とあり、宙を時間、宇を空間と

※2『淮南子』は紀元前140年の成立とされる書。道家思想を基調として諸子百家の説を網羅したものである。

※1「宇宙」時間と空間
【宇】1 のき、いえ、やね。2 広大な構えの建物。大きい。3 上下四方を宇という。宇宙。【宙】1 家のむね、そら、あめ。2 とき、むかしといま。3 ひろい、のびる。
〔出典：平凡社『字通［普及版］』〕

しています。これは瞑想による直感から出たもので驚くべきことだと思います。

現代科学、哲学の世界でも時間空間は最大の議題です。また、我々日本人がよく口にする宇宙、あるいは大自然という言葉は、物質としての宇宙や自然そのものの姿、様相ではなく、それを存在させている見えざる大きな力を意味することが多いように思います。このような言葉の使い方には、目に見える存在の背後には、目に見えない、それをあらしめている宇宙の力が働いているという、心の流れがあるからでしょう。

現代の常識として、我々は地球の上で生活をしている地球生物（地球人）です。地球は太陽系の惑星として、宇宙の法則に従い活動しています。また当然のことながら、我々は地球生物であると同時に宇宙生物（宇宙人）でもあり、宇宙エネルギーと無関係なものは、この世に存在しません。我々人類も宇宙のエネルギーの力、法則によって生まれ、活かされています。

東アジアの東洋文化、瞑想文化の特徴は、この見えない世界とその働きに感謝しつつ、その道を探究することにあります。「気の錬磨」の道を、つまり人と瞑想行が生んだ長い歴史のある文化活動を大切にし学ぶと共に、新しい量子論などの教えも学びつつ、「現代に活きる芸術の道」として、私は探究を続けています。

（二章）

現代に活きる伝統

「気の錬磨」の根底にあるもの

武術と合気道

合気道は現代武道です。植芝盛平先生が、青年時代から修得された様々な流派の武術に加えて、武田惣角先生との縁により優れた武の道を得られ、出口王仁三郎聖師により開眼。その道のもとでの、独特の鍛錬によって湧出した、現代に活きる武道です。

日本伝統の武術には大きな特徴があり、「柔術は全ての武術の母体である」と言われています。柔術には多くの流派がありますが、武士が行っていた柔術は、その動きに熟練すれば、その動きのまま剣、槍《やり》、薙刀《なぎなた》、杖《じょう》等を自在に使えるようになるものでした。

明治維新となり、その多くは武士の時代と共に消えてしまいましたが、日本武道館が主催する古武道大会には、今に残る流儀の演武を見ることが出来ます。多くの人々は、このような流儀を総合武道と見ていますが、実は、剣、槍等の術を寄せ集めたものではなく、一から万に広がる道なのです。

武道の歴史

武道の歴史を概観すると、日本武道の歴史は遠く神話時代に始まりますが、中世となり荘園の成立、武士の発生から、源平両氏の台頭を迎える時代には戦が増え武術に工夫が加えられるようになります。保元《ほうげん》・平治《へいじ》の乱を経て、源氏が壇ノ浦で平家を滅ぼし、鎌倉幕府が開かれ、源頼朝が征夷大将軍となった建久三（一一九二）年より、明治維新まで約七〇〇年にわたる武家政権の間、武術は武士の表芸として重んぜられ、その技術と思想は、日本文化の全てに大きな影響を与えることとなりました。

武士は単に、職業的に戦うだけの者ではなく、立法、司法、行政の権を持つ為政者として、心と学問の教養を身に付けることが必要となります。このため日本の武術は、神道、仏教、儒教、老荘の道の影響を受けつつ、他国の武術とは異なる特色を持つものとして発展します。

武術の流派は平安時代末期に存在していたと言いますが、鎌倉幕府の成立により、武士の力が日本全国に及んだ頃が、武道史の大きな流れの始まりでしょう。

日本の武術発生の地として有名なのは、東国では鹿島《かしま》、香取《かとり》です。鹿島神宮（茨城県鹿嶋市）と香取神宮（千葉県佐原市）は共に古くから、武神を祭る宮として武士の信仰が厚く、鹿島神宮には、鹿島の太刀といわれる剣法が伝えられ、その流れを汲む流儀から多くの達人が出ています。

武道の流れを説明する上で重要なこととして、禅宗が武士の生き方や剣の道の確立に大きな影響を与えたことがあります。同様に、密教もまた真言（マントラ）の行をはじめとする、多くの精神統一の法と思想を伝え、武術の発展にとって大きな力となりました。その教えが武士の深い信仰を得ていたことは、種々の武具に彫刻されたサンスクリット語の経文《きょうもん》によっても知られます。

武道史における一流の開祖

日本武道史上に名を残す一流の開祖の中から数名を選び、伝えられる流儀創始における、「見える世界」での修行、「見えない世界」への探究、修行について記します。

【飯篠長威斎家直《いいざさちょういさいいえなお》】※1

武道の源流の一つとされる天真正伝《てんしんしょうでん》香取《かとり》神道流《しんとうりゅう》の流祖。家直公は元中四（一三八七）年下総国飯篠村《しもうさのくにいいざさむら》（現・千葉県香取郡）の郷士の家に生まれ、幼少の頃より刀槍の術に秀でていたといいます。主家の千葉家滅亡後、一族郎党の者を解雇し、香取神宮奥の宮に程近い梅木山に隠棲。六十余歳にして香取神宮に千日千夜の大願を起て、斎戒沐浴、粉骨修行の後、神示を得たと伝わります。神道流は剣術、居合術、棒術、柔術、槍術等から築城、陰陽術に至る総合的な兵法です。この流派※2では「試合は死に合い」とされ、試合を禁じており、家直公が活躍した室町時代中期、既に日本武道は無益な戦いを戒め、慈悲をもって武の心としていたことを察することが出来ます。

※1 飯篠長威斎家直（1387?～1488）について兵法を学んだ**松本備前守政信**（まつもと・びぜんのかみ・まさのぶ、1467～1524）は鹿島神宮に祈願して道を極める。流名は鹿島流または鹿島神流。

※2 同流の師範、大竹利典による『平法 天真正伝香取神道流』による。

※3 塚原卜伝高幹（1489～1571）

※3「塚原卜伝高幹《つかはらぼくでんたかもと》」

剣の家に育ち子供の頃より剣の道に情熱を注ぎ、鹿島神宮に一千日参籠《さんろう》して祈願を込め霊感を得て開眼し、流名を鹿島新当流と称しました。卜伝は戦場に出ること、真剣勝負を行うこと数十回に及び、木刀による試合は数知れず行ったが、一度も不覚を取らなかったといいます。我々の少年時代、剣術といえば直ぐ塚原卜伝の名が出るほど有名でした。

※4「上泉伊勢守秀綱《かみいずみいせのかみひでつな》」

上州太胡の城主、秀綱は幼少の頃から兵法の修行と学問に励み、十四、五歳の頃から禅の提要を受けたといわれます。鎌倉で念流を学び下総香取で神道流を修め、陰流の祖※5愛洲移香《あいすいこう》斎久忠《さいひさただ》につき鍛錬を重ね、城を失った後は兵法の修行に一生をかけ諸国を巡りました。弟子に多くの名人を輩出。伊勢守秀綱が、※6柳生但馬守宗厳《やぎゅうたじまのかみむねよし》（号は石舟斎《せきしゅうさい》）に与えた新陰流影目録に「久しく日々摩利支尊《まりしそん》の秘法を勤修して、日夜鍛錬工夫し、尊天の感応を蒙り、忽然として自己の胸襟に流出する者也」とあり、新陰流を開きました。秀綱は刃引きの刀、木刀で稽古、試合を行うのは互いに一命を落とすか、そこなうとして、袋竹刀を発明しこれを用いたといいます。

※4 上泉伊勢守秀綱（1508?～1577?）

※5 愛洲移香斎久忠（1452～1538）日向の鵜戸神宮に参篭し神示を受けこの道の奥義を悟り、一流を創始する。この門から新陰流、柳生流と多くの流儀が生まれる。

※6 柳生石舟斎宗厳（1527～1606）少年時より諸流の兵法、兵術、文学古学を学び、高野山にて真言密教の行を修め禅に参じ、深く仏祖に帰依した。上泉伊勢守秀綱（信綱）に教えを受け、柳生流を開く。

武道の二つの道

心学の道について

武の気風に満ちた時代、特に室町から戦国にかけては、前述の通り、武術を深く求める者は、今日では考えられないほどの修練を積み、心の問題にも深く踏み込んで探究し、神道、仏教等の教えと行法から、その道を得て一流を開くこととなります。

徳川家康より始まる江戸時代には、武士道が強く唱えられるようになると、実戦としての武術そのものの修練とは別に、武士の生き方、教養としての武術が重んじられるようになります。武術は武士道を錬るための方法としての教科目となり、技術と共に、忠誠の精神を貴ぶ教えも現れます。このため武術※について唱えられる心の道の世界は、二つの領域にまたがることになります。その一つが「心学の道」です。

その時代の理想とする社会倫理を教育理念とした道が「心学の道」です。江戸時代後期における社会の規律を重んじる武士道、昭和の忠君愛国心の養成等、外から武道に求められた

※武術、武道の道を研究するに当たり、武道研究者である今村嘉男先生、渡辺一郎先生が蒐集された伝書などの資料、教えを研究させていただいた。

道で、時代により変わる道です。この「心学の道」は強い印象を与えたため、「武道の心」とは、この道のことであると思っている人が多くいます。

心法の道とは

それに対して、「心法の道」は、日本の武道を本当に発達させた内在する法＝道です。この道は、どんなに時代が変わっても、変わりません。一番の基礎に心の問題を据え、その心に応じた体を築きあげる、常に心と体を一体と捉える、実践東洋哲学の行法としての道です。たとえば、人間がもっと力強く長生きするにはどうすればいいのか、より高い技術力を得るにはどうすればよいか等、人間の生命の力の高め方と使い方を探究する道です。

老荘の自然哲学、古神道、仏教の禅、密教を通じて広まり、今も日本人の生命観、宇宙観の根底を流れてはいますが、明治維新で「脱亜入欧」、政府により廃仏毀釈や神社合祀、密教的なものの排斥が行われ、社会の表から見えなくなってしまいました。

時代は変わりつつありますが、一般に行われている西欧的スポーツ、競技武道等は勝負を前提とし、気持ちの上での競い合い、対立があります。しかし、表面的な勝負を超えた、伝統的な心身の訓練の世界があることを、我々の先祖は教えています。いわゆる「不動心」[※1]「剣禅一如」[※2]というような状態は、この訓練法の結果から生じるものです。従ってこの道は、武道のみならず、人生のあらゆる局面において活用できるものです。

※1「不動心」とは、集中の状態であり、無対峙の心の働きでもある。「対峙を超えた世界」については、柳宗悦の「無対辞文化」にわかりやすく説明してある。『柳宗悦全集』第19巻に収録。

※2「剣禅一如」とは、剣術と禅は一如、つまり一つの同じものであり、宇宙の法則の一つである。またその揺るぎない境地を「不動心」という。沢庵禅師の『不動智神妙録』による。

「心学の道」「心法の道」は、人の活きている生活の中から生まれる道ですから、二つの道がはっきりとわかるように分かれているわけではありません。この二つの道が一緒にくるくると巻かれ一本の道になっているのです。古来より行われていたように、真にその道を志す人間は、この「心法の道（瞑想の道）」を尊び、探究しておりました。

心の集中と傾注の違い

次に、「精神の集中・統一」「傾注・執着」[※1]の違いを、中村天風先生式に、図によって説明します。「傾注」は傾けて注ぎ込む、心が人・事物に傾き止《とど》まる状態であります。その結果として、心の中に人・事物に対する念が生じ、それが対立となり、心が囚われた状態、執着となります。

一方、集中とは、人・事物が、鏡に物が映るように「心に集まる」姿を意味します。心がよく磨かれた鏡のように澄み切って、人・事物がはっきりと映る状態です。そして鏡は人・事物をはっきりと映し出しますが、映っている人・事物に対して心の働きを何も起こしません。その鏡の状態のように心の働きをさせる、ということです。この時の心を「明鏡止水《めいきょうしすい》の如し」と言います。

※1「ころころと自在に動く心は、動かない心である。止まる心は、動く心である。〝ころころと自在に動く心〟とは集中の働きをする心であり、止まる心とは傾注的働きをする心であることがおわかりになったと、思います。」〔出典：沢庵宗彰著、市川白弦訳注『不動智神妙録』〕瞑想的な、高度な心の働きを表している。一般的な言葉の使い方ではないことに注意されたい。

剣術の教えに、「[※2]心を留める、これをスキという」とあります。心が鏡のように澄んでいると、囚われるものがありませんから、動きが自然にでます。しかも、心が事物に囚われない習慣が身に付くと、身体感覚も同じように他の事物に囚われないようになります。従って身体動作も集中的に、自由自在に行えるようになります。「気の錬磨」を行うには、「囚われない心」が大事であり、「心の集中・統一」と「傾注・執着」の違いをはっきり知り、実行することが大切です。

なお、一般の言葉では、集中も傾注も同じように使用していますが、「気の錬磨」では心の働きをわかりやすく説明するために区別し、辞書的な意味とは異なる使い方をしています。

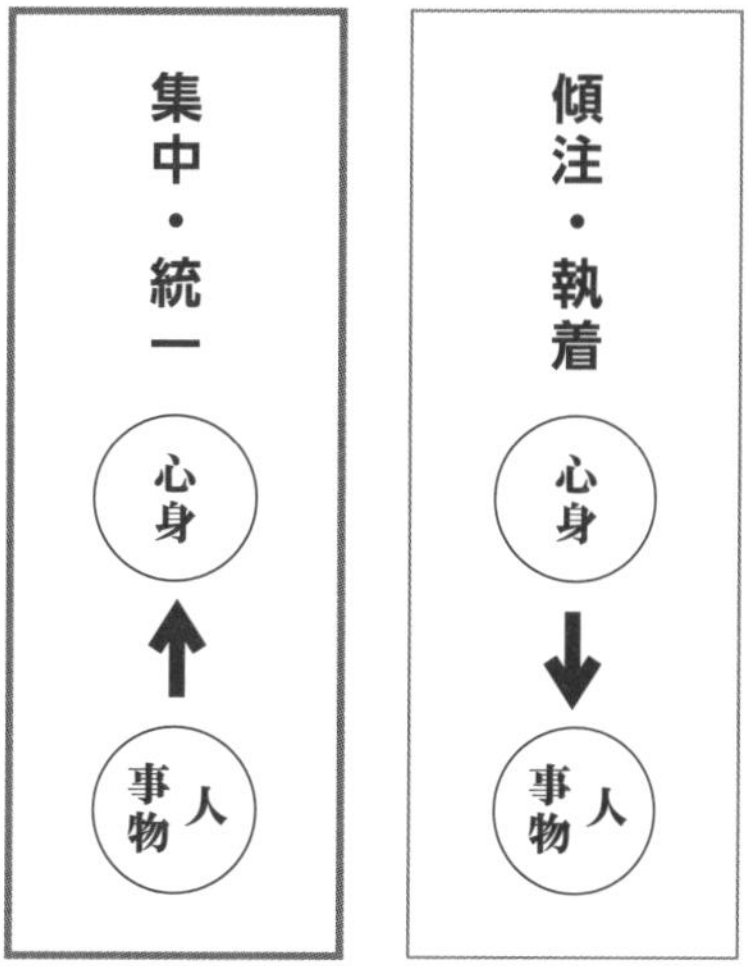

イタリア合気会「気の錬磨」夏期講習会における講義
日本道場（ラ・スペツィア）、2004年7月

※2「至人（道を得た人）の心の働きは鏡のようである。去る者は去らせ来るものは来させ、相手次第に応対して心にとめることがない。だからこそ、事物に対応してわが身を傷つけないでおれるのだ。」〔出典：金谷治訳注『荘子』「応帝王篇」〕これらも、瞑想状態の時、「見えない世界」の働きについて述べた言葉である。

この集中と傾注の問題は非常に丁寧に研究する必要があります。インドの『ヨーガ・スートラ』[※3]の中でも中心となる部分で、よく研究することが大事です。なぜなら、瞑想状態に入るための基礎であり、潜在意識の発露の邪魔をしない心の在り方となるからです。

日常の生活でも、憎む、恐れる、悲しむ、妬む、迷う、悩む等は、この「傾注」によって生じるマイナスで消極的な念です。これを改めるには、まず始めは、「気の錬磨」の稽古のなかで違いを感じ取り、十分に時間を掛けて行うことが大切です。

場を主宰する稽古

ある時、植芝盛平先生は「昔の武芸者はこのようなことを真剣に行った」と言われ、目にも止まらぬ速さで九字の印を結び、指刀で八方を切りました。これは結界を定めて、その内で絶対の力を求めた修行の方法であります。

昔の人間は、現代よりも遥かに神仏を身近なものとして暮らしていました。また何事があっても、その時と場で行動できるかは重要です。そのためにも、先ほど述べた「心の集中・統一」の世界に入れるように、修錬、研鑽を積むことが大事になってきます。その方法として、自分専用の道場（研究室、修行所など）、仮の場所を心に設定する方法があります。これを、行動的連想行と名付けています。

※3『ヨーガ・スートラ』の訳者として知られる佐保田鶴治（さほだ・つるじ、1899～1986）はヨーガの実践でも知られ、『ウパニシャッド』などヨーガの経典の訳注を行う。宗教学者、哲学者であり、大阪大学名誉教授。

［方法］

①自分の周りに、半径一、二、三、四、五…メートルの円を想定する。半径は自由に変化する。

②その円周上に、頭の上から明るい斜線を下ろすと円錐となる。

ここでは、常に主人は自分であります。従って、全てのことを主宰し、決定します。明るく、プラス思考でのびのびと、この自分専用の道場のなかで、呼吸法、瞑想法を行ってください。

見えない円錐＝自分専用の道場のイメージ

断食の行を通して

断食経験に至る

前述したように、私が入門して間もなく「合気座談会」が始まり、招かれた方の中に「食養会」の[※1]桜沢如一《さくらざわゆきかず》先生がおられました。先生のもとへ合気道の指導に行った時、三十日間の断食を行った中村エイブさんという会員の話を詳しく伺う機会があり、興味を持ち、これが縁となって実際に断食の行を行うこととなります。

中村さんは「全身が透き通るような感じになった」「三十日近くなると、今日一日なにが起こるかわかるようになった」などと言われましたが、どのような感じかは、実行してみなければわかりません。実際に体験してみたいと思いました。また、古来伝えられてきた断食[※2]行は、修行であり瞑想法でもあります。ですから、私は断食を行うことを即座に決心しました。

※1 桜沢如一（ヨーロッパ名：ジョルジュ・オーサ ワ、1893 ～ 1966）「無双原理」「食養会」など、マクロビオティックの提唱者として世界で知られる。

※2 梅田薫著『心身改造霊的断食療法』（太陽社研究所、1937年）によれば、110日間という長期間断食を行った人がいるという。

私の断食行

調べたところ、東京の西の端、小仏峠の臨済宗宝珠寺《ほうしゅじ》に断食道場があることがわかりました。断食は、いきなり長い期間行わず、予備断食を行う経験を持つのが良いと言います。そこで自宅の離れで翌年の四月に一週間予備断食を行い、昭和二十六（一九五一）年五月十六日より開始としました。

宝珠寺は中央線浅川駅（現・高尾駅）から旧甲州街道を四キロほど歩き小仏峠の登り口にあります。緑に囲まれ、聞こえてくるのは谷川のせせらぎと鳥のさえずりだけという別世界。住職の水野《みずの》忍誠《にんかい》さんが案内してくださいます。広々とした部屋の前に広い廊下があり緑の林を見渡せます。

三週間の断食が始まりました。断食中は入浴、ひげそりなどはせず、風呂場で水を浴び、裏の「宝珠の滝」に打たれます。年代物の計りで体重を計ると十五貫七八〇匁（約六〇キロ）でした。私の平均体重からすると、予備断食で八キロほど失っています。

断食中、起床すると滝に打たれ、和尚さんに従い「観音経」「白隠禅師坐禅和讃」を唱え坐禅を行い、部屋に戻り体重を計ります。読書、呼吸法、坐禅、散歩という毎日です。

断食を始め一週間たつと胃腸の働きがほぼ止まり食欲は無くなります。ただし何か食べ物のことを思い出すと唾が出て、飲み込むと胃が動きだして体が不安定になります。断食中は食物一切、食卓風景等も思い浮かべてはいけません。

cf.『合気道に活きる』
「断食行」p.110、117

時間はどんどんたっていきます。日常生活と異なり、読経、滝行、坐禅、呼吸法、読書、休憩というサイクルで一日が過ぎる、この巡りがとてもありがたくなります。断食三週目に入ると体重も五四・四キロほどとなり、朝の行事の後、呼吸法と坐禅、観想行を行うのが主で、静かに、しかし「澄んだ動きの中に我有り」の感じになります。

六月六日、体重五〇・九三キロ、宝珠寺で断食を始めてから八・八九キロ、予備断食前からですと約一七・〇七キロ減。この日から食事をとり始めます。朝は薄い葛湯一杯。昼は味噌汁一杯。夕べは重湯一杯。翌日から少しずつ重湯が濃くなり、おかずも増え、米の形がある粥になると急に力がつきだします。六月九日、体重五六・九六キロとなり、三日で六・〇三キロ戻ったことになります。

六月十日、滝に打たれ朝の行を終え、帰宅。和尚さんとご一家が見送ってくださいました。全てが冴えわたり透明な気がします。体重は平常よりまだ一〇キロほど少ないです。しかし命の力は、正に絶好調だ。寺から浅川駅までの四キロを飛ぶような勢いで駆け抜けました。自由が丘の家では、祖父と父は私が断食を無事終えたことを大層よろこんでくれました。

しかし断食が本当に難しいのは、ここからです。断食後一週間から十日ほどたつと飢餓感ともいえる異常な食欲を起こすのです。この食欲に負けて、大食いをすると重大なことになります。このため食事には十分注意しつつ日常の活動を始めました。

断食行の後に

帰宅後三日ほどでランニング、庭での各種稽古を始めました。心と体調はすごく良い。ランニングは以前から一〇キロと一五キロ、いずれも自由が丘から世田谷区を回り、多摩川沿いを下り田園調布の丘を抜けて自宅に戻るコースを走っていました。走るのは競技のためでなく、合気道と同じように「動く瞑想法」「動く禅」としての走りです。断食前もこのことは心得て走っていました。しかし、断食後に始めた走りは、以前とは異なる感じとなっていることに気が付きました。理屈ではありません。頭で思って行っていたのとは異なり、「そうある」という感じです。

家での稽古を始めて幾日か後、朝起きて庭を見ると、庭の全ての草木がオーラで輝いていました。ヒマラヤ杉、欅、銀杏から芍薬、つつじ等が光り輝いて見えます。走り始めると、体が自動的に快く動く感じとなります。この頃になると赤子のように全身がすべすべとなりました。

やがて時が過ぎてゆくと、これらのことは自然と収まるようになりました。この断食の行を行ったことは、その後の私の全てに大きな力を与えてくれ、それは「見える世界」と「見えない世界」の一如を説かれる植芝盛平先生のお教えを探究する道筋を感じ取れるきっかけともなると同時に、呼吸法の研究はここから、私の一生の核心となりました。

昭和四十五（一九七〇）年四月、私は六年ぶりにヨーロッパから帰国しました。前年の四月二十六日に亡くなられた植芝盛平先生の一年祭に間に合うように戻ったのです。中村天風先生も、私を一番可愛がってくれた祖父もこの六年の間に亡くなっていました。

私は自宅の離れで、三週間断食を行いました。この時は、前回の経験から慎重に、自宅であるため、ゆったりと行います。六年の間に行ったヨーロッパの国々と、合気道の稽古を共に行った人々の顔や稽古姿を、あらゆる形式で瞑想的に思い浮かべながら行いました。

断食に関する諸注意

断食は、古来行われている行法です。しかし危険が伴うものでもあります。決して安易に行ってはなりません。特に持病がある人は、医師の診断を受けるなど、十分な準備をする必要があります。行う方は、左記のことに十分に気を付けて行ってください。

[注意点]

▼道場は慎重に検討し、熟練した指導者の下で行うこと。
▼季節は春、秋がよく、都会より山野の静かな所がよい。
▼期間を決めたら必ず最後まで行うこと。途中で中止すると挫折感が大きい。
▼断食は終了後の静養期間に回復することが重要。この回復が難しい年齢、病などには十分に注意する必要がある。

（三章）
感覚の錬磨

余分な緊張を取り去る稽古

稽古の目的

日本では日常生活で緊張した日が続き心や体が重くなった時、緊張した体をほぐすため、鍼灸や指圧、マッサージ等にかかるのを常としてきました。これらの歴史は遠く三世紀頃に中国から伝わり、八世紀には日本中に広まっていたと言われます。その後、伝統医学として近代まで続き、今日では近代西洋医学と共に、日常生活の中で多く行われております。

また、合気道などの武道やスポーツを行う前には、準備運動として柔軟体操を行って稽古に入ります。これは、まず体の緊張や余分な力を取ることで感覚が鋭敏になり、よく動く体になるからです。大学の運動部等では、このような運動はすでに多く取り入れられています。緊張を取り去る稽古というと、かえって緊張してしまう人がいます。この方法を行う時は、一人マッサージをしているのだと思って行うと良いです。

「野口体操」について

緊張を取ることに大切な「体を感じる」ことについて、野口体操で知られた※野口《のぐち》三千三《みちぞう》先生がおられます。音楽、絵画などの芸術の活動でも、日常の生活においても心身の流動性を重要視し、その主張を行動で示されました。それは、いつも、何に対しても「今、初めて、そのもの・そのことに出会った」という姿勢です。素直さ・素朴さが、体の実感を新しく感じるのになにより大切だと述べています。また、野口体操は自分でやるマッサージで、マッサージは他の人にやってもらう体操との言葉もあります。

稽古法について

「余分な緊張を取り去る稽古」は有用な生活技術であり、我々が宇宙の子としてもっている本来の姿を導き出す働きもあります。この方法を自分で稽古すると、日常生活での感覚の在り方に自然と注意するようになり、そして、大切な場面で、一呼吸で自分を落ち着かせる呼吸を得ることが出来ます。

稽古は、「身体の動作を中心とした方法」と「心理の働きを中心とした方法」、この二つを組み合わせて行います。グループで行う場合は、指導者の発声に合わせて稽古します。一人で行う場合は、録音して行うと良いでしょう。

※ 野口三千三（1914～1998）東京藝術大学名誉教授。教育・哲学・芸術関係の方々を中心に浸透した健康法、トレーニング法である野口体操の創始者。私の妻である山川久美は東京藝術大学出身のヴァイオリニストで、野口先生をよく存じ上げ、お話をよく伺っていた。

音声

著者による声掛けを聴きながら、行ってください

（講習会での録音）

〔注意点〕

▼この方法の基礎としては、細かく体の部位を分けて行う。

▼慣れるに従って、一回に行う部分を広げて行うようにしても良い。

▼へそを中心として上半身と下半身に分けて行い、最終的に一回で全身の余分な緊張を取り去る。

▼全体を通じて最も大事なことは、グループで行う時は、指導者の発声が暖かくリズムに乗っていること。これで全員の気持ちが乗れば、場の全体の感じが同化するようになってくる。

身体の動作を中心とした方法

仰向けになり目を閉じます。両手は体から一五～二〇センチほど離し、手足をのびのびと伸ばします。指導者の発声により呼吸のリズムに合わせ、それぞれの部分の筋肉に力を入れたり抜いたりして、行います。

〔指導者の発声〕

「今から余分な緊張を取り去り、体をはっきりさす稽古を行います。それぞれ指示された体の部分に、息を吸いながら力を入れ、吐きながら抜く。力を入れた部分を緊張させた時と、抜いた時の違いをよく感じ取ってください」

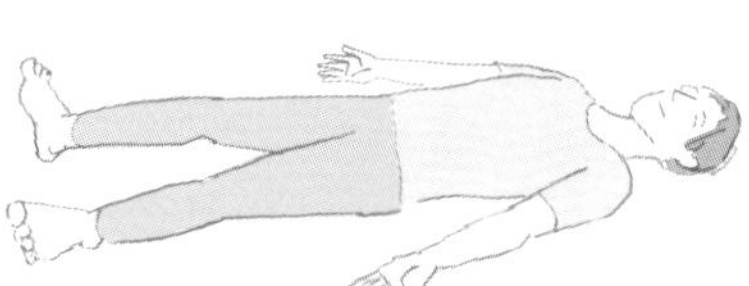

イタリア合気会「気の錬磨」の稽古風景、中央道場（ローマ）、1986年

①「左足の親指から小指までを、曲げ伸ばしさせて、各指をよーく感じる。はい、息を吸いながら指に力を入れて曲げる。その時、どんな感じかに気を付ける。息を吐きながら、指の力を抜く。力を入れた時と抜いた時の違いをよーく感じ取る」

②「同様に、右足の親指から小指までを曲げ伸ばしさせて、各指をよーく感じる。はい、息を吸いながら指に力を入れて曲げる。その時、どんな感じかに気を付ける。息を吐きながら、指の力を抜く。力を入れた時と抜いた時の違いをよーく感じ取る」

③「左足首を円を描くように軽く回して、踵から足首をよーく感じる」

④「息を吸って力を入れて、踵をぐっと緊張させる。感じに注意。息を吐きながら、力を抜き緊張を取り去る。力を入れた時と抜いた時の感じの違いに注意する」

⑤「同様に、右足首を軽く回して、踵から足首をよーく感じる。息を吸って力を入れて、踵を押し出し緊張させる。感じに注意。息を吐きながら、力を抜き緊張を取り去る。入れた時と抜いた時の感じの違いに注意する」

▼このように声かけしつつ、順次先に進む。

⑥ 左足すね、ふくらはぎ　⑦ 右足すね、ふくらはぎ　⑧ 左膝　⑨ 右膝　⑩ 左腿　⑪ 右腿　⑫ 左腰　⑬ 右腰　⑭ 下腹　⑮ 腹　⑯ 胸　⑰ 背中　⑱ 左肩　⑲ 右肩　⑳ 左上腕　㉑ 右上腕　㉒ 左肘　㉓ 右肘　㉔ 左前腕　㉕ 右前腕　㉖ 左手首　㉗ 右手首　㉘ 左親指　㉙ 右親指　㉚ 左人

差し指、中指、薬指、小指 ㉛右人差し指、中指、薬指、小指 ㉜左手の五指・握る ㉝右手の五指・握る ㉞左手五指を強く伸ばす。ゆったりさす ㉟右手五指を強く伸ばす。ゆったりさす ㊱首、のどの前と後ろ ㊲顔と頭、鼻、耳、頬、瞼、額 ㊳一番始めに行った足の指に戻る。両足の親指から小指まで ㊴左足首からすねまで ㊵右足首からすねまで ㊶左足膝から腿まで ㊷右足膝から腿まで ㊸尻と腰 ㊹腹 ㊺胸 ㊻背中 ㊼左肩から肘まで ㊽右肩から肘まで ㊾左肘から五指 ㊿右肘から五指 (51)首と顔 (52)両足首 (53)両足ふくらはぎ (54)両膝 (55)両腿 (56)腹と腰 (57)胸と背中 (58)両肩 (59)両上腕 (60)両肘 (61)両前腕 (62)両手の親指から小指まで (63)両手をこぶしに握る (64)両手の指を伸ばす (65)首と顔、頭 (66)両足から腿まで (67)両腰から背中、胸まで (68)両肩から指先まで (69)首、顔、頭 (70)両足からへそまで（下半身） (71)へそから頭、指先まで（上半身） (72)両足から頭まで（全身）

心理の働きを中心とした方法

心理の働きとはイメージ、心像のことです。体の各部分を感じながらイメージや心像を描いて緊張を直接取り去る稽古を行います。今までは筋肉に力を入れ、体の物理的な感じから、緊張を取り去りましたが、ここからは心に描く力で、体をはっきりさせる方法を行います。

全身の細かい部分をよく注意し、感じることが出来るようになると、これが感覚を錬磨し、鋭敏にする稽古の土台となります。つまり、「余分な緊張を取り去る稽古」は、感覚の錬磨と精神集中の基礎であり、集中と執着の違いを感じ取れる基礎ともなります。

［指導者の発声］

（一）全身

①「体の指定された部分をよく感じる。息を吸いながら気（エネルギー、あるいは空気）が、それぞれの部位の皮膚、血管、筋肉、神経の中にまでいっぱいに入ると想像する」

②「息を吐きながら、重いもの、鈍いもの、陰気なもの、暗いもの、マイナスなもの、余分な緊張が全て空中に霧散して出てゆくのを感覚的、触覚的に想像する」

③「スッキリ、ハッキリとして、呼吸法の六音の呼吸で透明な呼吸（p.109）を行った時と同じ感覚となる」

（二）左足の親指から小指まで

①「左足の親指から小指までをまず伸ばして、曲げ伸ばして各指をよーく感じる。はい、息を吸いながら指の中、骨の中、血管の中、筋肉の中全部に気が（空気）一杯になると想像する」

②「はい。息を吐きながら、指の中の重たいもの、鈍いもの、不愉快なもの、ハッキリしないもの、暗いもの全てが、吐く息と一緒に、空中に出て行くのを感覚的（触覚的）にイメージ、心像を描き、ハッキリ、スッキリする」

（三）同様に、右足の親指から小指まで

指先を伸ばし気を入れる体操

体操の目的

この体操※の目的は、気持ちをはっきりさせ、「気の錬磨」の基礎をつくることにあります。まず、しっかりと指先を伸ばし丁寧な気持ちで行い、リズム（律動）に乗って順番を覚えるようにすること。順番を覚えたら、出来る限りはっきりと敏捷に動けるようにすることです。

多人数で行う時、号令を「イチ、ニ、サン、……」とかけますが、同化的に、つまりはっきりと柔らかい声でかけること。対立的に硬い声で号令をかけると、動作が硬くなってしまいます。また、手順に慣れたら、掌から指先まで気を入れて触覚を飛ばす気持ちで行いましょう。この指先を伸ばす体操そのものが、「動く瞑想法」とつながります。

基本の立ち方

足の踏み方は、正坐から自然に立ち上がった状態から始まります。踵をつけて爪先を開くとハの字立ちとなります。人が安定して立つのに重要なのは、左右の足の平の拇指根《ぼしこん》※（足の

※ 一般的な体操に、合気道の体捌《たいさば》きに良いリズムを加え、工夫したものである。八方向に体が自在に対応できる訓練にもなる。

親指の付け根、拇指球とも）、小指《しょうし》球《きゅう》（薬指と小指の付け根）、そして踵を結ぶ三角の線が安定していること。中でも足の一点、拇指根をしっかり床につけ、肛門が締まり、下《か》丹《たん》田《でん》（p.84）に自然と気合が入っている状態（クンバハカ体勢、p.87）になっていることが大事です。足の裏全体をよく感じ、膝を曲げる時は必ず親指へ向けて曲げることです。

足裏図

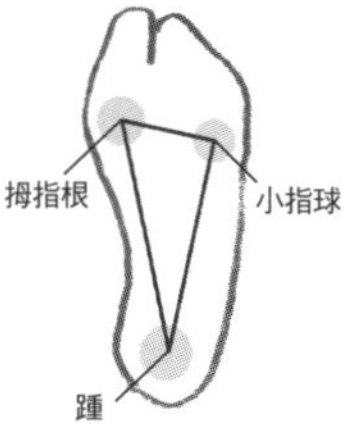

自然体閉足《へいそく》立ち

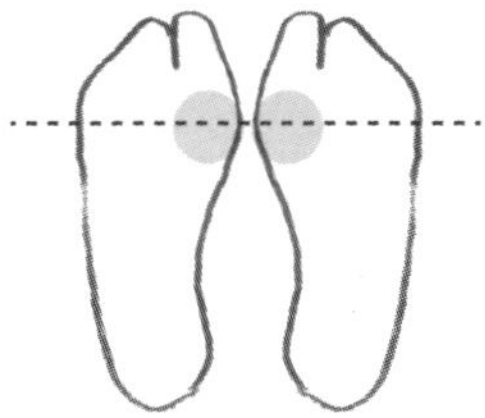

足の裏の、〇印の部分が拇指根。

自然体平行立ち

自然体平行立ち、一重《ひとえ》の半身《はんみ》

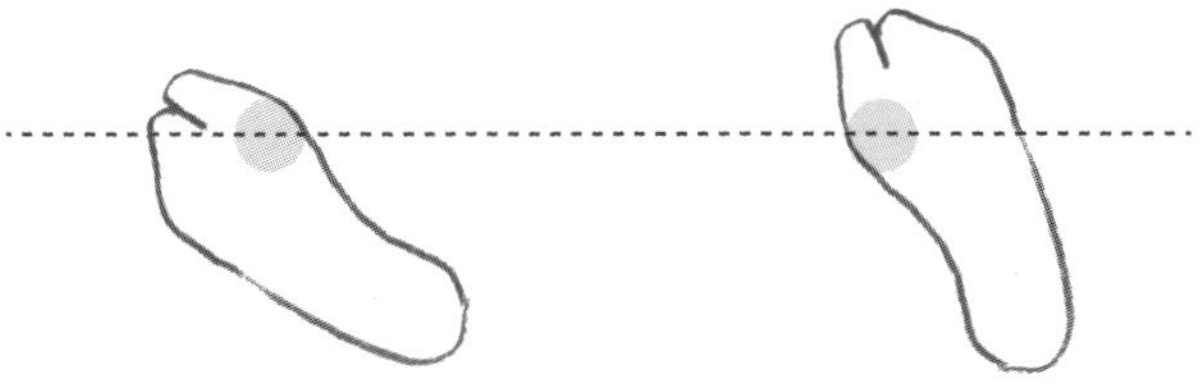

正面（北向き）の平行立ちから、拇指根を中心として、へそを45度西へ回した図。一直線上に拇指根が並ぶ立ち方のことを、一重の半身という。呼吸合わせなどで使う姿勢の基本である。武道では、360度あらゆる方向に動ける立ち方。

※「足の一点、拇指根」と言いますが、植芝盛平先生が穿かれていた足袋は、長い間使っておられても破れるのは、その一点と親指の横だけで、ほかは幾年も穿かれてもまっさらであった。

［東西南北四維《とうざいなんぼくしい》について］

道場の正面を北とします。多くの神社の本殿は南を向いて建てられています。武道場も基本的には南向きであったため、道場で体操を行う際、正面を北としています。これは、地図では一般に上が北となっていて、左が西、右が東と、わかりやすいためです。

正面は、道場に窓があり、方角がわかる時は、そのままの方角で行ってください。たとえば、月窓寺道場では正面が東で、この場合は、東を正面として、体操を行います。地下や窓のない体育館等で行う時は（実際の方角にかかわらず）、方便として正面を北とします。

体操（一） **※常に正面を向いた姿勢から始める。**

①踵をつけて立ち、両手を肩にとる（指先を肩につける）。
②両手を横に伸ばす（掌を下に向け、指先が垂れないようにする）。
③両手を肩にとる。
④両手を前に伸ばす（掌を向かい合わす）。
⑤両手を肩にとる。
⑥両手を上に伸ばす。腕を耳につけ、掌を向かい合わす。

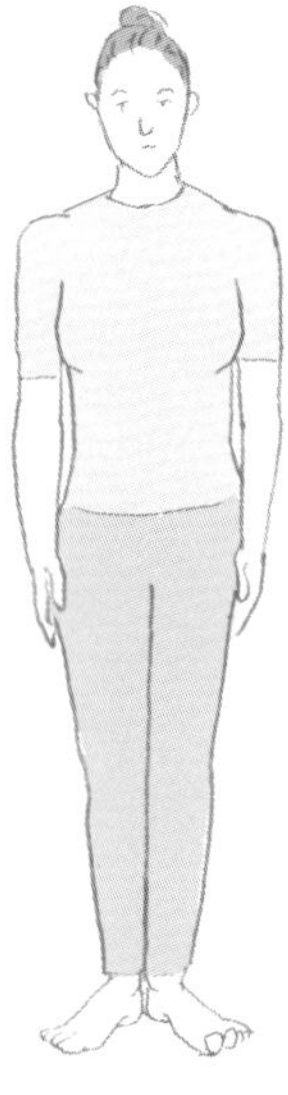
始めの姿勢

⑦両手を肩にとる。

⑧（同時に）左手を横、右手を上に伸ばす。

⑨両手を肩にとる。

⑩左手を上、右手を横に伸ばす。

⑪両手を肩にとる。

⑫左手を前、右手を上に伸ばす。

⑬両手を肩にとる。

⑭左手を上、右手を前に伸ばす

⑮両手を肩にとる。

⑯両手を下に下ろし腿につける。

（一）

①③⑤⑦⑨⑪⑬⑮

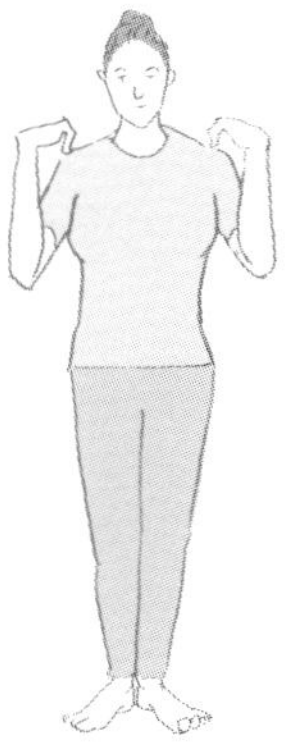

②

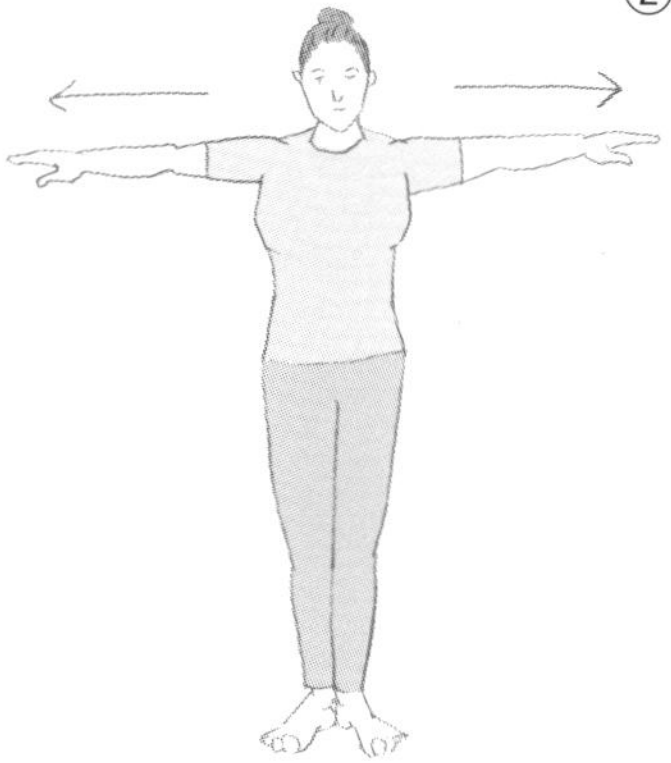

④

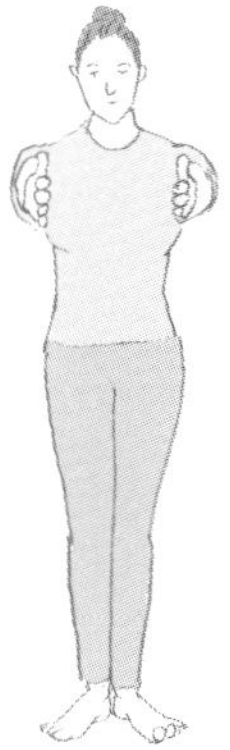

⑥

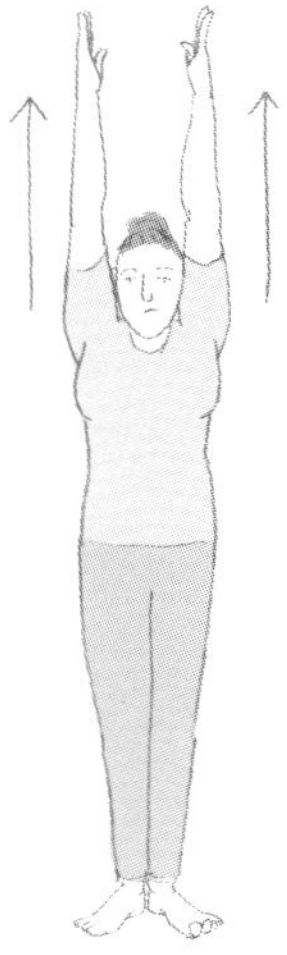

⑧

⑫

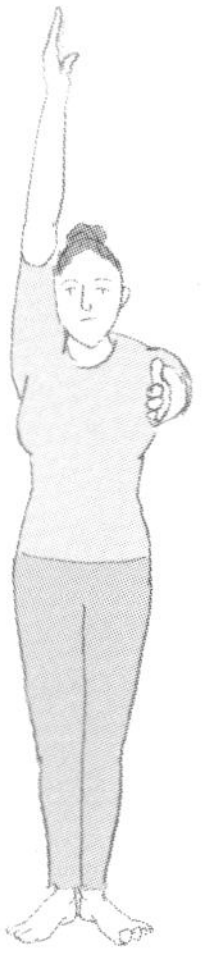

体操(二)

A

① 左手を肩にとる。
② 左手を横に伸ばし、右手を肩にとる。
③ 左手を肩にとり、右手を横に伸ばす。
④ 左手を前に伸ばし、右手を肩にとる。
⑤ 左手を肩にとり、右手を前に伸ばす。
⑥ 左手を上に伸ばし、右手を肩にとる。
⑦ 左手を肩にとり、右手を上に伸ばす。
⑧ 左手を下に下ろし、右手を肩にとる。
⑨ 右手を下に下ろす。

B

① 右手を肩にとる。
② 左手を肩にとり、右手を横に伸ばす。
③ 左手を横に伸ばし、右手を肩にとる。
④ 左手を肩にとり、右手を前に伸ばす。
⑤ 左手を前に伸ばし、右手を肩にとる。
⑥ 左手を肩にとり、右手を上に伸ばす。
⑦ 左手を上に伸ばし、右手を肩にとる。
⑧ 左手を肩にとり、右手を下に下ろす。
⑨ 左手を下に下ろす。

体操（三）

A

①両手を肩にとる。

②左手を前、右手を横に伸ばす（両手の親指は上を向く）。

③両手を肩にとる。

④左手を横、右手を前に伸ばす（両手の親指は上を向く）。

⑤両手を肩にとる。

⑥左手を上に伸ばし、右手を下に下ろす。

⑦両手を肩にとる。

⑧左手を下に下ろし、右手を上に伸ばす。

⑨両手を肩にとる。

⑩両手を下に下ろす。

B

①両手を肩にとる。

②左手を横、右手を前に伸ばす（両手の親指は上を向く）。

③両手を肩にとる。

④左手を前、右手を横に伸ばす（両手の親指は上を向く）。

⑤両手を肩にとる。

⑥左手を下に下ろし、右手を上に伸ばす。

⑦両手を肩にとる。

⑧左手を上に伸ばし、右手を下に下ろす。

⑨両手を肩にとる。

⑩両手を下に下ろす。

体操（四）

A

① 両手を肩にとる。

② 左足を左（西）に出し、両手を横に伸ばす。

③ 両手を肩にとる。

④ 左足を元に戻し、両手を下に下ろす。

⑤ 両手を肩にとる。

⑥ 右足を右（東）に出し、両手を横に伸ばす。

⑦ 両手を肩にとる。

⑧ 右足を元に戻し、両手を下に下ろす。

B

① 両手を肩にとる。

② 左足を前（北）に出し、右（東）を向き、両手を前に伸ばす。

③ 両手を肩にとる。

④ 左足を元に戻し、正面を向き、両手を下に下ろす。

⑤ 両手を肩にとる。

⑥ 右足を前に出し、左（西）を向き、両手を前に伸ばす。

⑦ 両手を肩にとる。

⑧ 右足を元に戻し、正面を向き、両手を下に下ろす。

（四）B

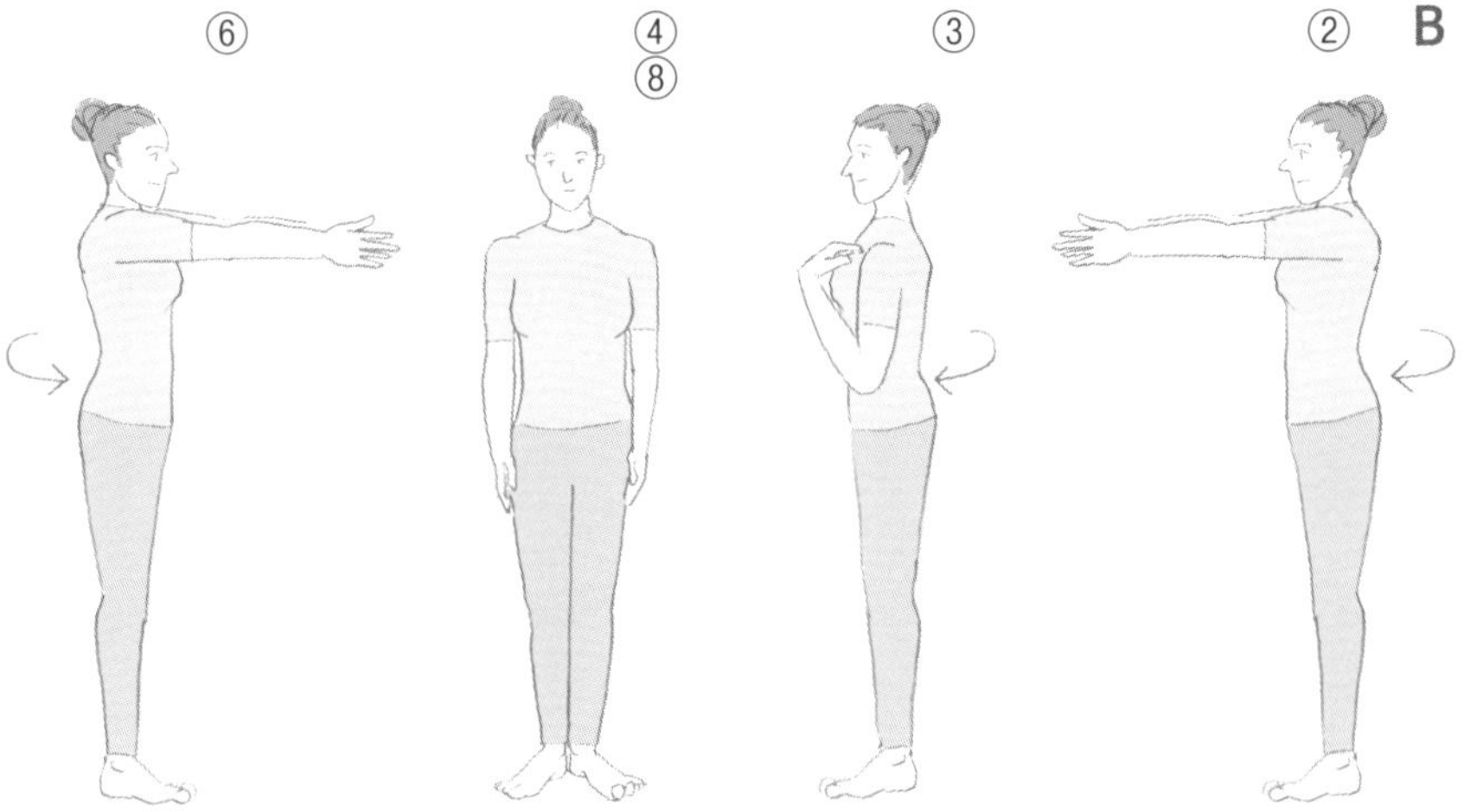

C

① 両手を肩にとる。
② 左足を後ろ（南）に引き、左（西）を向き、両手を上に上げる。
③ 両手を肩にとる。
④ 左足を元に戻し、両手を下に下ろす。
⑤ 両手を肩にとる。
⑥ 右足を後ろに引き、右（東）を向き、両手を上に上げる。
⑦ 両手を肩にとる。
⑧ 右足を元に戻し、両手を下に下ろす。

D

① 両手を肩にとる。
② 左足を左斜め前（北西）に出し、右斜め（北東）を向き、左手を横、右手を上に上げる。
③ 両手を肩にとる（北東）。
④ 左足を元に戻し（正面）、両手を下に下ろす。
⑤ 両手を肩にとる。
⑥ 右足を右斜め前（北東）に出し、左斜め（北西）を向き、左手を上、右手を横に伸ばす。
⑦ 両手を肩にとる（北西）。
⑧ 右足を元に戻し（正面）、両手を下に下ろす。

（四）D

E

①両手を肩にとる。

②左足を左斜め後ろ（南西）に引き、左前（北西）を向き、左手を前、右手を上に伸ばす。

③両手を肩にとる。

④左足を元に戻し、両手を下に下ろす。

⑤両手を肩にとる。

⑥右足を右斜め後ろ（南東）に引き、右前（北東）を向き、左手を上、右手を前に伸ばす。

⑦両手を肩にとる。

⑧右足を元に戻し、両手を下に下ろす。

F

①両足で跳んで（上へジャンプ）左右に開き、両手を横に伸ばす。

②両足で跳んでそろえ、両手を下に下ろす。

③両足で跳んで左右に開き、両手を上げて、掌を打ち合わす。

④両足で跳んでそろえ、両手を下に下ろす。

⑤①から④を五回繰り返す。

（四）F

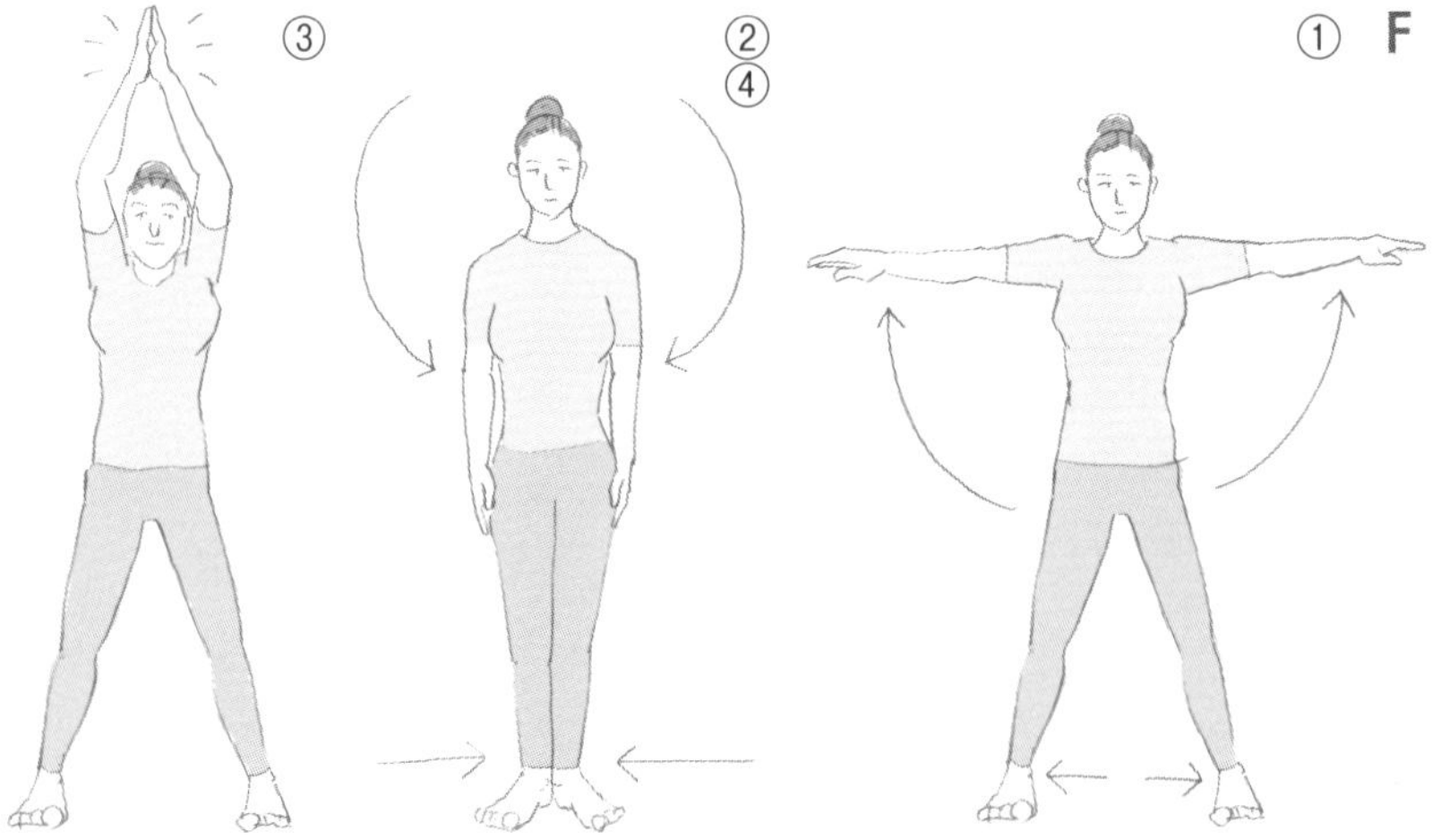

G

①両手を軽く握り前に振り上げる。
②両膝を曲げ、腰を踵の上に下ろし、両手を下げつつ後ろまで振る。
③膝を伸ばしつつ踵を上げ、両手を大きく上に振り上げる。
④踵を下ろし、両腕を下に振り下ろす。
⑤両腕を胸の前に振り上げる。
⑥両膝を曲げ、腰を踵の上に下ろし、両腕を左右に開く。
⑦膝を伸ばしつつ踵を上げ、両腕を胸の前に戻す。
⑧踵を下ろし、両腕を振り下ろす。
⑨踵を上げ、両腕を下から前を通り後ろに回し大きく一回転させ、踵を下ろす。
⑩踵を上げ、両腕を、前から下を通り前回りさせる。
（出来る人は）両腕を前回りさせた時、その勢いのまま膝を深く曲げた姿勢になり、両腕を前から勢いよく振り上げながら、出来るだけ高く飛び上がる。
⑪①から⑩を五回繰り返す。

［注意点］

▼この体操も、自分の体に無理のない範囲で行うこと。

現代日本の禅寺

坐禅会について

東京都武蔵野市にある雲洞山月窓寺は、前身である東岸寺が天正十八（一五九〇）年頃に草創と伝わる、万治二（一六五九）年開山の由緒ある寺です。毎月第一火曜日に朝六時から八時まで坐禅会が行われています。毎回、初めての方は、別室で初歩からの仕方をやさしく説明されます。読者の住んで居られる所でも、同様な行事が行われていると思います。これから、呼吸法や坐禅を行いたいと思っている方は、このような会に参加されることをおすすめいたします。

また、月窓寺の教化活動の一環として、昭和五十一（一九七六）年創設の合気道月窓寺道場があります。

雲洞山天暁院月窓寺（うんとうざん てんきょういん げっそうじ）本堂

（四章）

呼吸法

「気の錬磨」の呼吸

人間生命の充実

気の錬磨の稽古において、まず充分に訓練する必要があるのが呼吸法です。呼吸ほど、人類をはじめ全ての生物にとって重要なものはありません。この呼吸を法則によって訓練し練り上げれば、素晴らしい効果を得られるということを、数千年の昔、東洋の哲人は瞑想によって発見しました。これは人類の発明、発見の歴史の中で、瞑想法の発見、発明と共に、これほど素晴らしい発見はないと思います。そして呼吸法、瞑想法は文化、宗教と共に世界中に広まり、人間の生活を豊かにしました。

しかし、今日では生活が自然から遠ざかり、呼吸が浅くなり、心の面でも身体的にも問題が生じています。人間生命の充実を図るには、まず呼吸法をしっかり行うのが重要となります。

呼吸法との出会い

私が呼吸法について初めて教えられたのは、父から家伝の弓術日《へ》置《き》流《りゅう》竹林《ちくりん》派《は》蕃派《ばんぱ》の教えとして、丹田の呼吸を教わった時です。多田の家は代々対馬藩士であり、父も幼少の頃より曽祖父に弓[※1]を仕込まれました。休日、父は巻き藁を前に弓術の基本稽古をつけてくれました。

また小学四年生の頃、離れで母が※2藤《ふじ》田《た》霊斎《れいさい》先生に学んだ呼吸法の稽古をしているのを見て、私も見よう見真似で行ったのを覚えています。今でも呼吸法と聞くと、真っ先にその時のことが思い出されるので、余程強く印象に残ったのでしょう。藤田先生の調和道の本は、後に私が呼吸法を本格的に稽古する時、よく読み研究しました。

呼吸についての東アジアの教え

呼吸法を稽古するにはある程度の呼吸に対する生理学上の知識と、東洋哲学の主張を知ることが必要となります。呼吸を重視する武術の稽古法は神道、儒教、仏教、道教の瞑想法から大きな影響を受けています。東アジアにおける東洋思想、特に中国とインドでは数千年来人間について深い研究がなされ、呼吸が単に肉体生命を維持するだけではないということを発見しました。呼吸を訓練することにより心にも大きな影響を与え得るということを、実際の訓練を通じて体得していました。これらを基にした深遠な哲学が説かれていることは前述した通り。この東洋の教えによれば、呼吸は大宇宙を造り動かす根源の力、気や宇宙生命、宇宙エネルギーと、小宇宙たる人間の生命をつなぐ営みであります。

※1 土器釣的。京都の武徳会弓術大会で、割れやすい土製の皿であるにもかかわらず父が射抜いた。呼吸力と瞑想力の賜物と思う。

※2 藤田霊斎（1868～1957）真言宗の僧侶であり、丹田呼吸法を広めた。『息心調和法』ほか著書多数。

呼吸法の基本

基本と注意点

呼吸は原則として、ゆったりとした気持ちでのびのびと行います。吸息、吐息共に鼻で行います。もし風邪等で鼻が詰まり、鼻で呼吸できない時は、口をすぼめて静かに行ってください。

呼吸法は、まず吐く息で肺の中にある空気を出し、新しい空気を受け入れるようにして始めます。吸う息と吐く息の比率は、一対一から始めて、徐々に吐く息を伸ばしていきます。決して無理をしないことが大切です。

呼吸は非常にデリケートです。一番気を付けることは、吸う息を無理にしないこと。私たちの日常生活で注意すべきことは、怒ったり、無理に力を入れたりして、頭に血が上ることです。運動、呼吸法を行う時、また日常の生活を送る時にも、このことは注意しなければなりません。

【呼吸法のあり方】

呼吸法には、三つの進み方があります。

一．体の動きと共に行う呼吸法
二．心の動き（観念・観想）を大切にする呼吸
三．瞑想と同化する（宇宙とのつながりを重要視する）呼吸

呼吸法を初めて行う方へ

呼吸法が大切なことは言うまでもないですが、それだけに慎重に行う必要があります。今日、生活や仕事の条件、あるいは交通の手段が発達して歩くことが極度に少なくなる等、体を動かして息を一杯吸い吐くという、人間として最も大切なことが日常行われていません。呼吸法には素晴らしい効果がありますが、それだけにやり損なわないように、注意することが大切です。現在、治療中の方などは医師に相談の上、行ってください。まず、やさしい方法で呼吸法に慣れてください。

また、呼吸法はリズムが大事です。余分な緊張を取り去る稽古（p.60）等が関連します。呼吸法を行う時の心の状態が穏やかでありながら、活き活きとしていること。呼吸のリズムと体の感覚への意識の集中、及びその部位の移動を合わせて訓練します。気の流れと集中をより強く感じることを中心とした呼吸法を行い、これから先はその人の熱意により呼吸法がそのまま瞑想となり、無限の発展を生じるようになります。

腹式呼吸の基本

呼吸法には胸式呼吸と腹式呼吸があり、本書で行う呼吸法は腹式呼吸です。

［基本］

A　仰向けに寝て、両脚を伸ばし、ゆったりとする。

［呼吸法を行うにあたっての注意点］

▼初心者は、ふらついて危ない人がいることがあるので用心し、寝ている姿勢から始める。

▼明るい気持ちで、やさしく、丁寧にのびのびと行うこと。

▼決して無理に力まないこと。

▼腹のふくらみ、へこみ具合を気にせず、慣れるまで、腹筋に力を入れない。

▼効果を焦らないこと。

［方法］

①両手を腹（へその上程度）に当てる。

②口を少しすぼめ、静かに息を吐く。腹は少しへこむ。

③鼻から静かに息を吸う。両手は腹がふくらむのを感じる。

④吸う息と吐く息との、割合は一：一から始めて、一：一・五、一：二、一：二・五～、と吐く時間を長くする。

⑤口を少しすぼめ、口から息を静かに、ゆっくりと吐き切る。両手は腹がへこむの

A

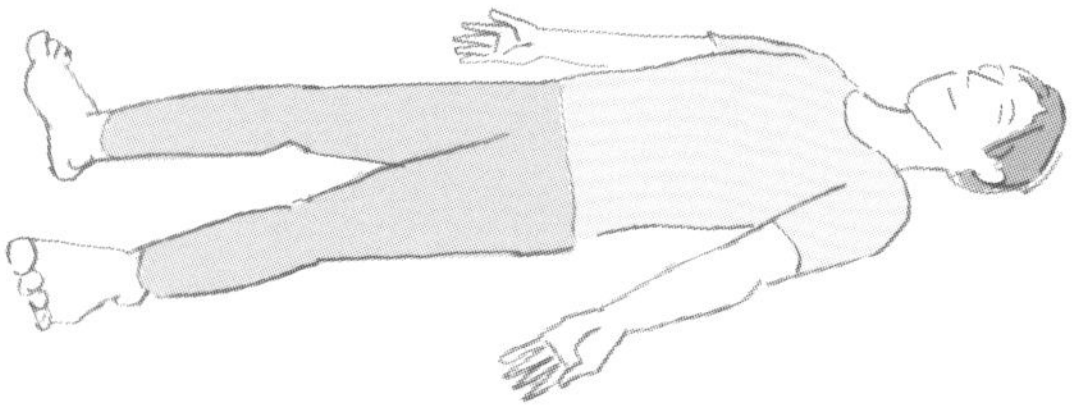

を感じる。

⑥ ①〜⑤の呼吸を続ける。

慣れたら鼻から息を吸い、鼻から吐く呼吸を行います。それまで焦らずにこの呼吸を行います。

［姿勢］

B 背筋を伸ばし、ゆったりと椅子に座る。

C 坐禅、ヨーガのポーズを組み行う。床（畳かマット等）に正坐する。または、坐布《ざぶ》（坐禅布団）を敷いたり、毛布等を折り曲げて尻の下に敷き、両膝が床につくようにすると楽に座ることが出来る。

D 足は肩幅よりやや広く、ゆったりと立つ。

［目付け］両眼を半ば閉じ半眼にする。

左記のいずれかでよい。

● 軽く何気なく正面の一点を見る。
● 静かに遠くを見る。
● 約三メートル先の床の一点を見る。

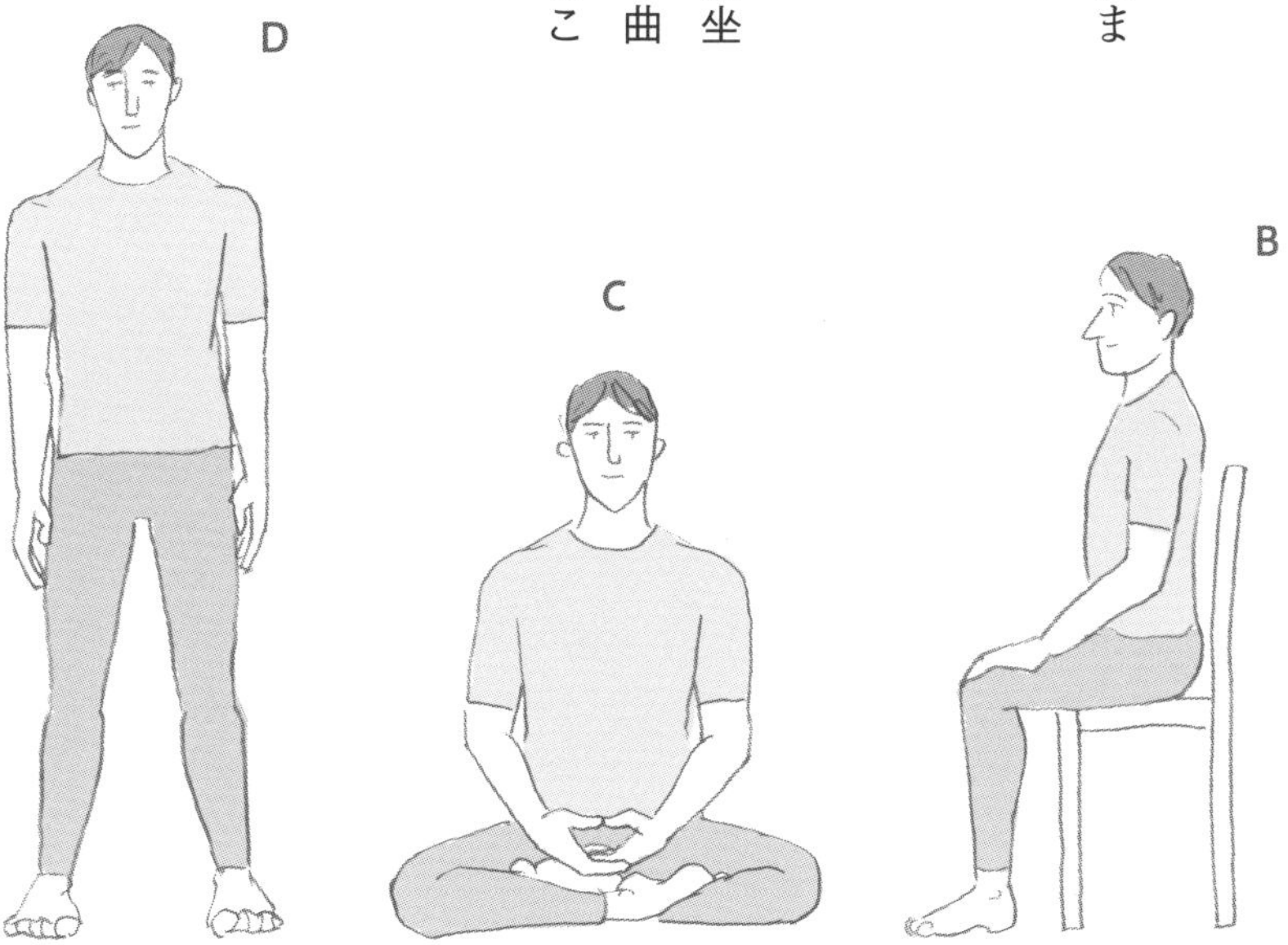

丹田《たんでん》について

丹田は、宇宙から受け入れた気力、元気が集まるところとされ、主として神経叢《しんけいそう》にあたります。ヨーガでも重要視され、古来、武術では急所中の急所とされており、三つの丹田があります。

●上丹田：眉間にV字型の骨があり、その尖った一点に人指し指を載せ、上にぐっと押し込んだところが上丹田であり、脳全体を意味する。

●中丹田：鳩尾（みぞおち、水月とも）の奥、重要な太陽神経叢（腹腔神経叢）にあたる。

●下丹田：へその下、5センチぐらいのところ。いわゆる臍下《せいか》丹田、肚《はら》（腹）である。

朝日の呼吸

私が入門してすぐの頃、岩間での稽古は日の出前に始まりました。当時、岩間※道場の周囲は人の背丈ほどの松林でした。薄明かりの中、植芝盛平先生の祝詞奏上の声が響き渡ります。祝詞奏上が終わると、ほぼ同時に、松林の上から真っ赤な太陽が昇り始めます。朝日を腹中（下丹田）に納める呼吸、朝日と一体になる観想行を行いました。

①合掌して昇りつつある朝日に向かって立ち、目を細めて朝日を拝す。

②合掌した手を頭上にさし上げつつ、息を吸う。朝日を腹中、下丹田に受け入れる。
　全身が朝日と同化した気持ち。

※ 植芝盛平先生は戦時中の昭和18（1943）年60歳の時、思うところあり一切の官職、顧問等を辞し、茨城県岩間へ隠遁され、武農一致の生活を送られた。大先生が創建された合気神社と道場がある。

③合掌したまま、全身を感じながら鼻から静かに吐き込みつつ、手を下げる。数回行う。
目を傷めないように、注意して行うこと。

①

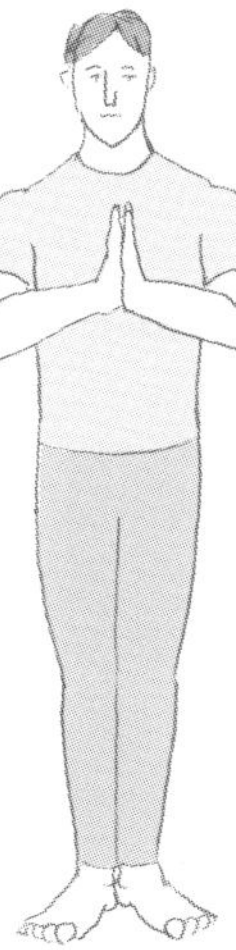

②
③

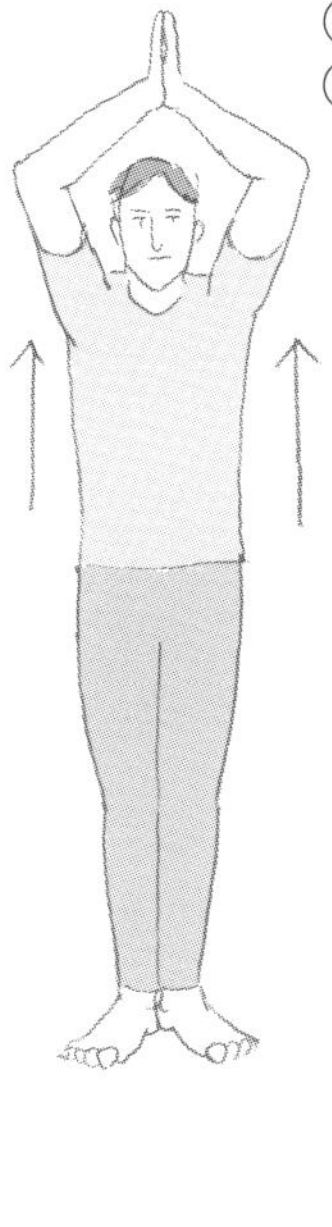

cf.『合気道に活きる』p.155

宇宙の真気を受け入れる呼吸

①合掌する。鼻から息を吸い、大宇宙に満ちている真気（宇宙根源の智慧と力・絶対的エネルギー）を全身に受け入れる。下丹田が充実する。宇宙の真気が両手、両足、全身に満ち溢れる感じ。

②静かに吐息。数回行う。

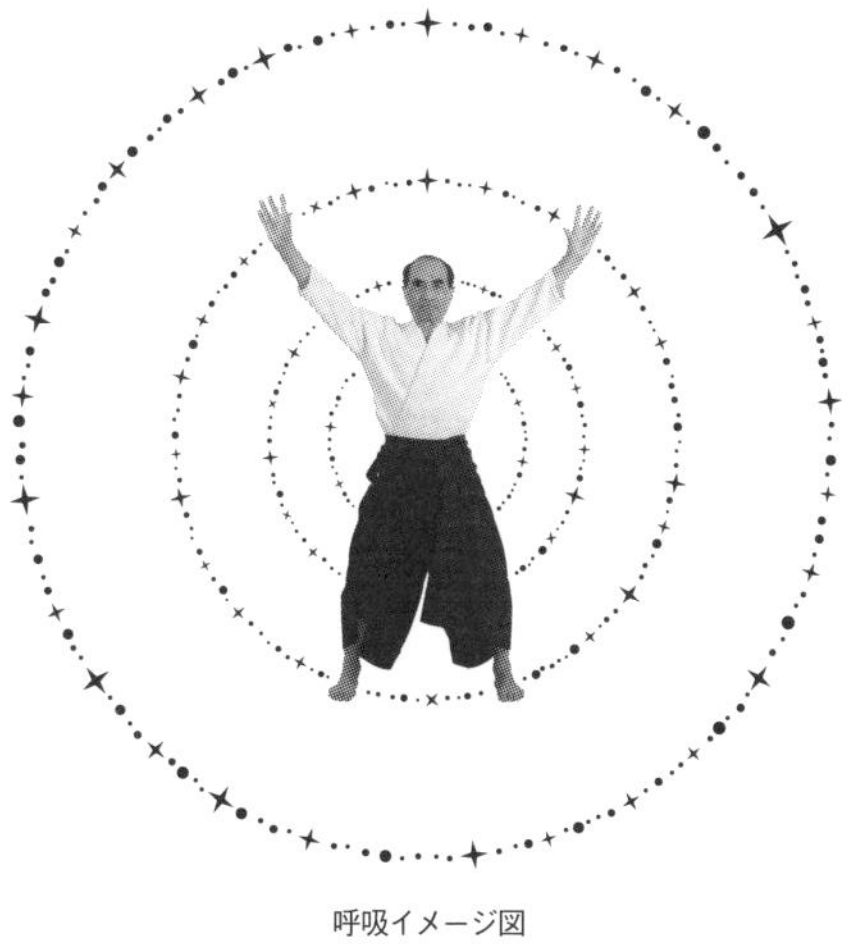

呼吸イメージ図

場の全てを腹中に収める呼吸

ある時、植芝盛平先生が大きな演武会に出られました。お供は私一人で、若かった私は緊張していました。その時、先生は「このような場ではまず会場をよく見て、全てを納得する。静かに息を吸い、会場の全てを腹に飲み込む」と言われました。私は言われた通りこの呼吸を行い、一回の呼吸で澄み切ったような気持ちとなりました。

① まずその場をよく見て、全てを納得する。

② 鼻から息を吸い、場の全てを腹に飲み込む。

収気の法[※1]（合掌の呼吸）

この呼吸法は、ヨーガのプラナヤーマ（プラナヤマとも）です。合掌は、生きていることへの感謝の気持ちを表しています。この呼吸法を行う時に唱える、中村天風先生の誦句《しょうく》があります。それによって行う者の意識を高めることになります。

「活力吸収法の誦句」

神韻縹渺《しんいんひょうびょう》たるこの大宇宙の精気の中には

われら人間の生命エネルギーを力づける

※1 武道の伝書『天狗芸術論』に、寝て行う「収気の法」があり、宇宙の気を受け入れることに通じるものがある。

活力なるものが、くまなく遍満存在している。
今われわれは、プラナヤマ法と称する特殊の密法を用いて
この活力を、五臓六腑はもちろん、四肢の末端に至るまで
深甚なる感謝をもって思う存分いただくのだ。

① 踵をつけ爪先をハの字に開いて立つ。呼吸はゆったり、悠々と行う。
② 静かに両手を合わせ、合掌する。
③ 両肘を軽く広げ、両眼を半ば閉じ半眼となる。また、静かに遠くを見る。
④ 口をすぼめて、息を静かに長く吐き出す。まず体内にある空気を出し、新しい空気を取り入れることから始める。
⑤ 大宇宙の気、絶対的エネルギーを受け入れると意識して、鼻から息を吸う。肺の下部、中部、上部と順に満たすように吸い込む。
⑥ 吸い終わったら軽く保息《ほそく》（息を軽く止めること）。同時に次の三つを行う。肩の力を軽く抜く。肛門を巻き上げるように締め、下丹田に軽く力を集める。これを「クンバハカ体勢」※2という。
⑦ 鼻から息を出しながら、取り入れた気・宇宙エネルギーを体の隅々まで送り込む意識を持って、吐き出す。これを七回繰り返す。

「クンバハカ体勢」を稽古する

※2「クンバハカ体勢」とは、生命力を最も安定させる、自己調和の体勢である。この姿勢はハタ・ヨーガのポーズのひとつで、クンバハカの訓練に最も良い、このような姿勢になると自然と肛門が締まり、肩の力が抜ける。

基本の呼吸（両手の呼吸）

前述の腹式呼吸の姿勢、目付け、注意点に従います（特に初心者は横になるか、椅子に座った状態から始めます）。両足を肩幅に開き立ち、自然体で立ちます。

両手をゆっくりと上げることにより肋骨を徐々に十分広げ、まず肺の下部から順に中部、上部と空気が入り、無理なく吸うことが出来ます。かつ、両手のリズムと呼吸のリズムを合わせて行うので呼吸を整えやすいです。リズムの基調は自分の心臓の鼓動ですから、大勢で一緒に行う時でも、各自が自由なリズムで行ってよいです。

この肺の上中下、全てに空気を受け入れる呼吸の仕方が、呼吸法の基本となります。この呼吸は最もやさしく呼吸法に馴染めますが、それだけでなく、この先の稽古にも用いられます。熟練すると両手は自動的に動くようになり、吸う息、吐く息に伸びが出ると、呼吸に緻密な流れが出るようになります。

【方法】

①両手の指先を伸ばし頭の高さまで上げる。両手の甲を上にして、軽く肘を張り、腕を上げながら鼻から息を吸う。

②両手を前からゆっくり下げながら、口から息を静かに吐く。両手が下に下りるまで行う。

③始めの三回は口をすぼめて口から息を吐き、後は鼻から吐く。

合気道自由が丘道場創立55周年記念講習会（東京都目黒区）、2016年11月

両手を大きく広げる呼吸

① 両手を前から上げながら、息を鼻から吸う。
② 指先が上を向くまで吸う。
③ 両手を大きく横に広げ、掌を下に向け、下ろしながら息を吐く。

①

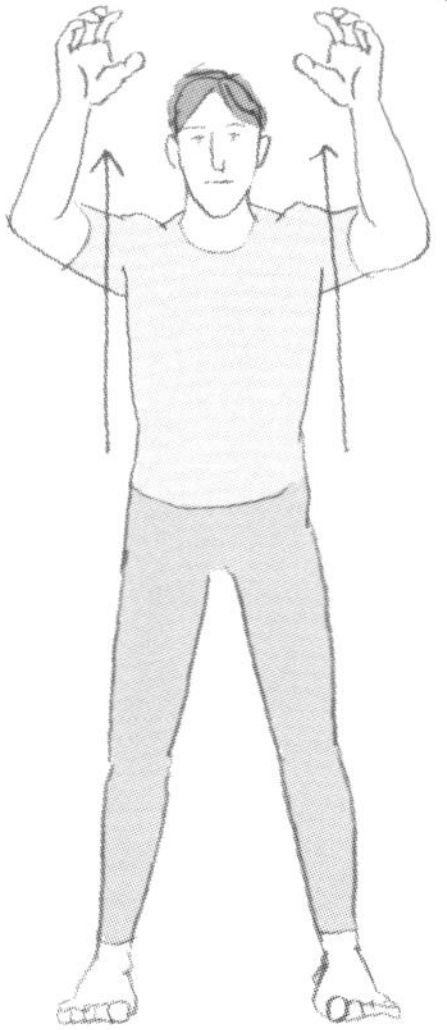

②

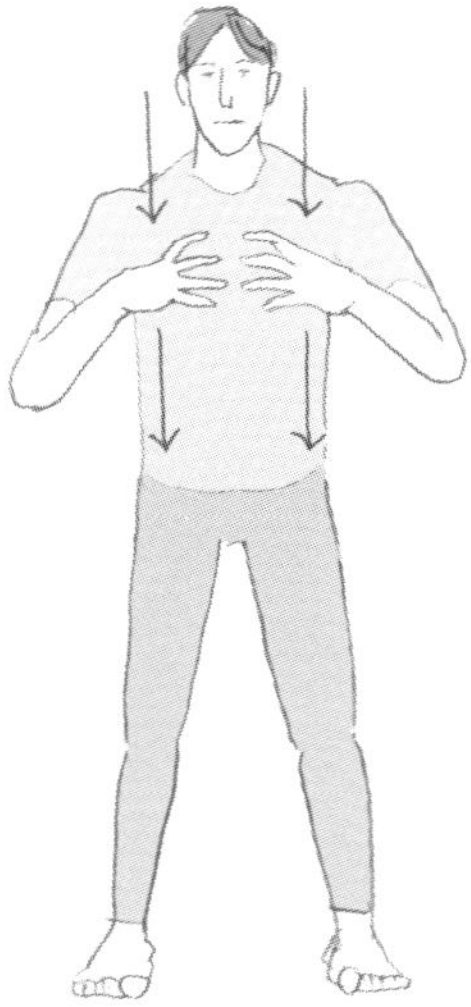

腕に力を入れないこと

②

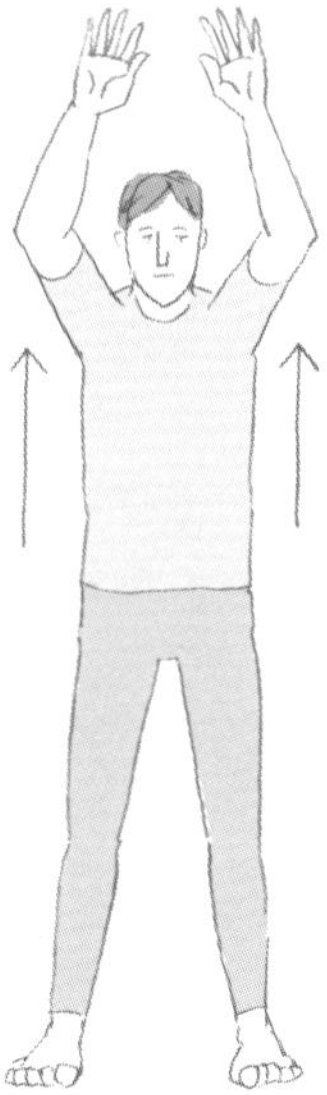

③

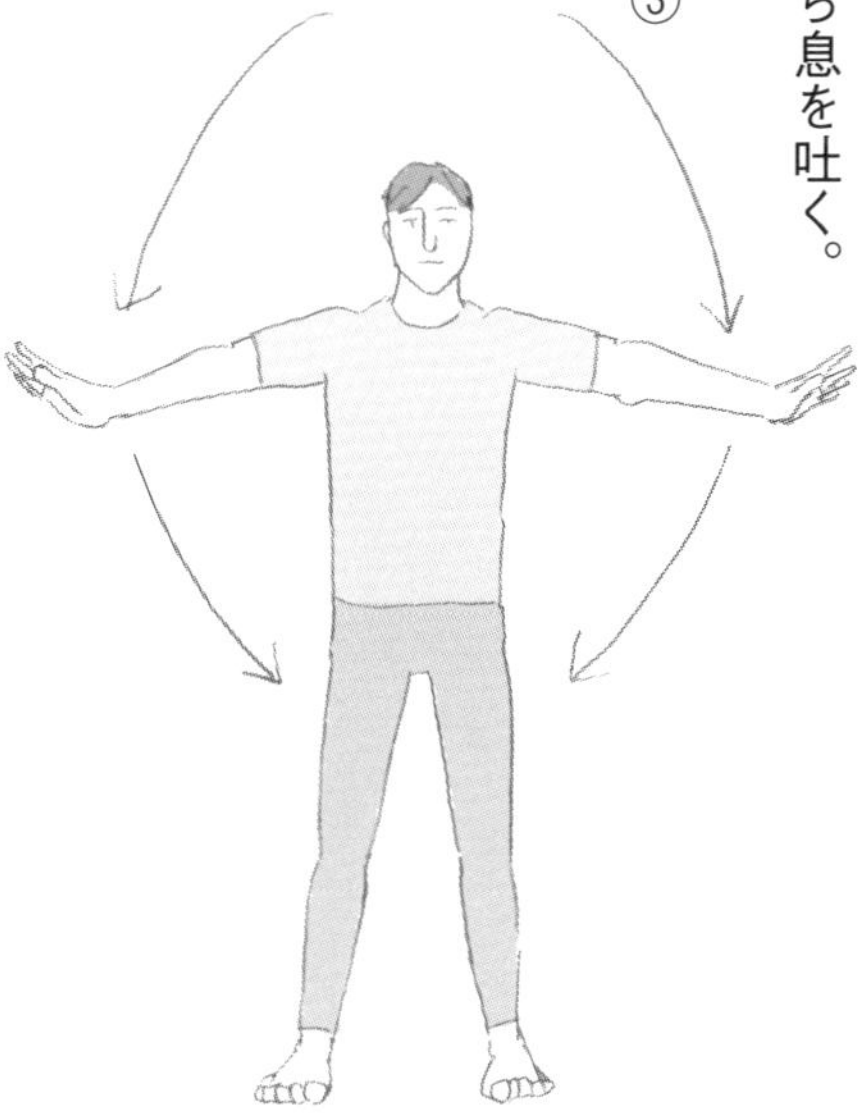

ゆったりと息を長く吐く

両手を天地に分ける呼吸

①合掌しながら息を吸う。

②両手を天地に分けながら息を六分ほど吐く。両腕を伸ばし、掌で天と地を押す気持ちで残りの四分ほどを吐く。

③両手を合掌に戻しながら息を吸う。

④左右の手を代え、天地に分けて息を吐く。

⑤①～④を繰り返す。

両手で壁、または遠くの山を押す呼吸

①合掌しながら息を吸う。

②息を吐きながら、両手を左右に広げる。掌で壁、または遠くの山を押す気持ち。

③両手を合掌に戻しながら息を吸う。

④①～③を繰り返す。

呼吸と両手のリズムの一致が大事

両手で天を押す呼吸

①両手を下に垂らし両膝を軽く曲げ、腰を落としながら息を吐く。

②息を吸いながら肘を軽く曲げ、掌を上に向け、膝を伸ばしながら両手を伸ばし、両の掌で天を押す。両足はしっかり踏張る。顔は天を見て、肩の力は抜くこと。

③両手を前から下ろしつつ息を吐く。

④①〜③を繰り返す。

両手を下丹田に当てる呼吸

この呼吸は下丹田を練る呼吸で、植芝盛平先生が朝稽古でよくなさっており、続いて下丹田に手を当てたまま「鎮魂の行」(p.126)に入られていました。

①両手を垂らしたまま、左右に広げつつ息を吸う。吸い終わる頃、両踵を上げ肛門を締める。

②息を五〇%ほど吐きながら両手を腹の前に持ってきて、右手を下丹田に当て左手を上に重ね、残りの五〇

%を吐く。

③ 両手を腹に当てたままで息を五〇%ほど吸い、両手を広げながら吸い続ける。

④ ①〜③を繰り返す。

両手を下丹田に当てる呼吸

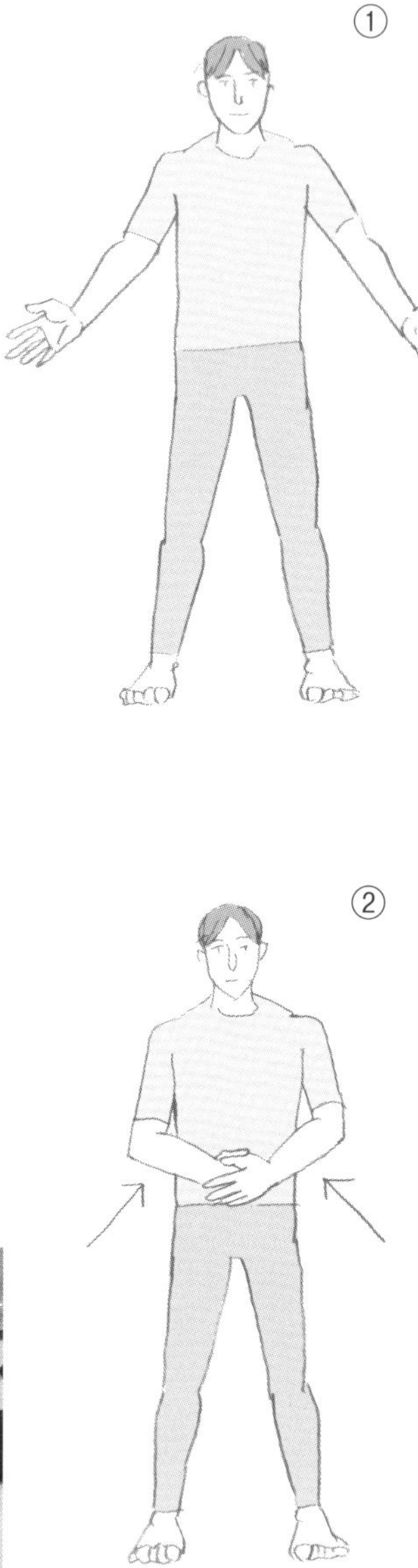

半身で行う呼吸

「呼吸合わせ」（p.111）で用いられます。「一重の半身」（p.67）で行います。

① 両足をそろえて立ち、左足を前に進め左半身となる。

② 大宇宙の気を受け入れる気持ちで、息を吸いながら、両手を前から丸く回し両腰につける。右足を少し曲げ体重を後ろ足に掛ける。

半身で行う「呼吸合わせ」

③息を吐きながら腰を入れ、右足を伸ばし、左足の膝を曲げ体重をやや前足に掛けながら、両手を腰から、前方へ円を描くように振り上げる。

この後は二通りある。

④**A** 息を吸い、体重を後ろ足に掛けながら、両手を大きく上に上げ、息を吐きながら左右に振り分け腰まで下ろす。

B 息と体重の掛け替えは同じ。両手指先を上に回し円を描きながら、息を吐きつつ切り下ろし両腰脇につける。

⑤左足を引き右足を出し右半身となる。左膝を少し曲げ体重を後ろ足に掛け、息を吐きながら腰を入れ、左足を伸ばし、右足の膝を曲げ体重をやや前足に掛けながら、両手を腰から、前方へ円を描くように振り上げる。

⑥一定の時間を行ったら、前足を引き立つ。

③

④B

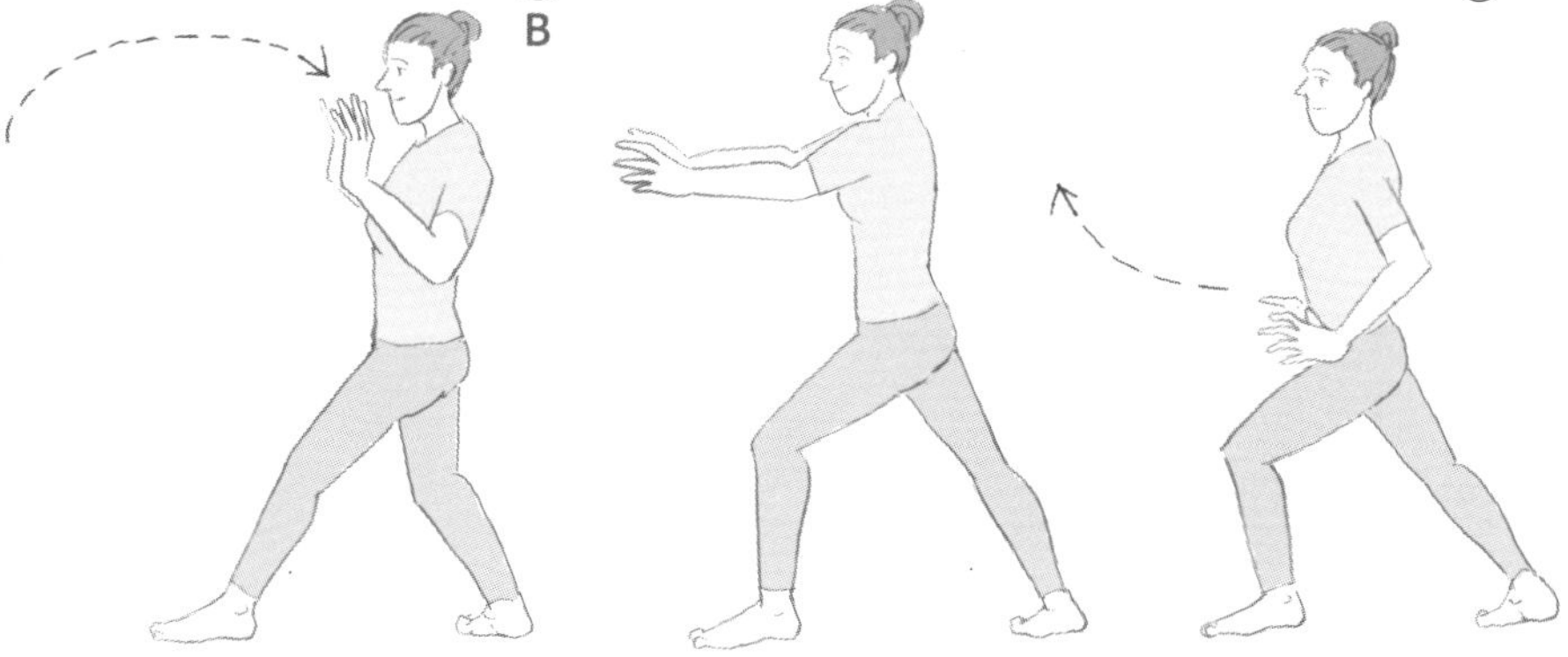

両手の指先はしっかり伸ばし、
掌にくぼみを残す

全身に気を送り込む気持ちで、
息を吐く

丹田を錬る呼吸

この呼吸は、ヨーガではチャクラの開発といいます。「両手を下丹田に当てる呼吸」（p.91）に同じです。まず中丹田で行い、次に下丹田で行います。

①丹田に、片手、または両手の指先、または掌を当てる。静かに呼吸を行う。

②宇宙の気を受け入れると断定（イメージ）する。

③丹田に「うーん」の響き（微振動）を集めながら、静かに呼吸を行う。

響きを流す呼吸（気の振動の流れを感じ、同化する呼吸）

①両足を肩幅に開き立つ。

②両腕は、両手を重ねて体の前で丸く輪をつくる。

③鼻から息を吸い、鼻から吐きながら「ん」の響きを、流れるように時計回りで流し回す。このようにイメージすると、体感も同時に回りだす。

④七回行ったら、反時計回りで七回行う。

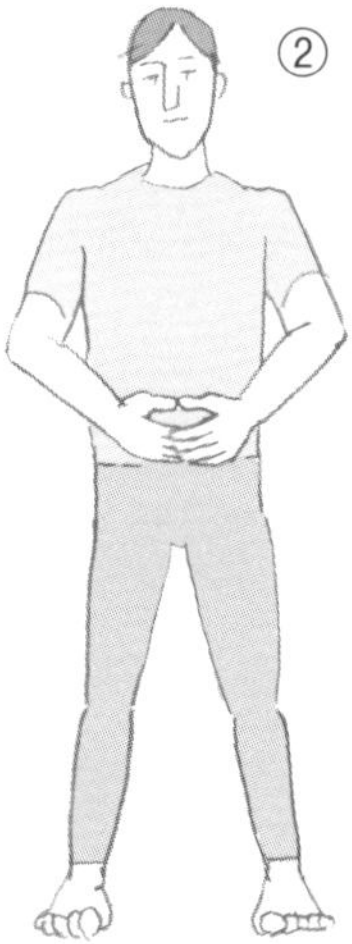

響きを流す呼吸

「響きを流す呼吸」、気の振動を感じ、同化する。合気道月窓寺道場（東京都武蔵野市）、2024年2月

呼吸操練

呼吸操練《そうれん》とは

この一連の呼吸法は、中村天風先生がヨーガ哲学の行法の中で、身体動作と共に行う基本的な呼吸法をまとめたものです。全ての呼吸法にとって必要なことが行われており、毎日行うことによって呼吸の基礎が定まります。

一つ一つの目的にかなうように出来ていますので、単独で行い熟練するのも良く、その際は最後に（八）浄めの呼吸を行ってください。

（一）朝の呼吸、中心線の呼吸

中枢神経の働きを良くする呼吸法です。脊髄の呼吸とも言います。

①両踵をつけ、体をゆったりとしてのびのびと立つ。目付けは正面の一点につける。

②ゆっくりと静かに息を吸いながら両踵を上げる。顎を引き、

（一）①

②

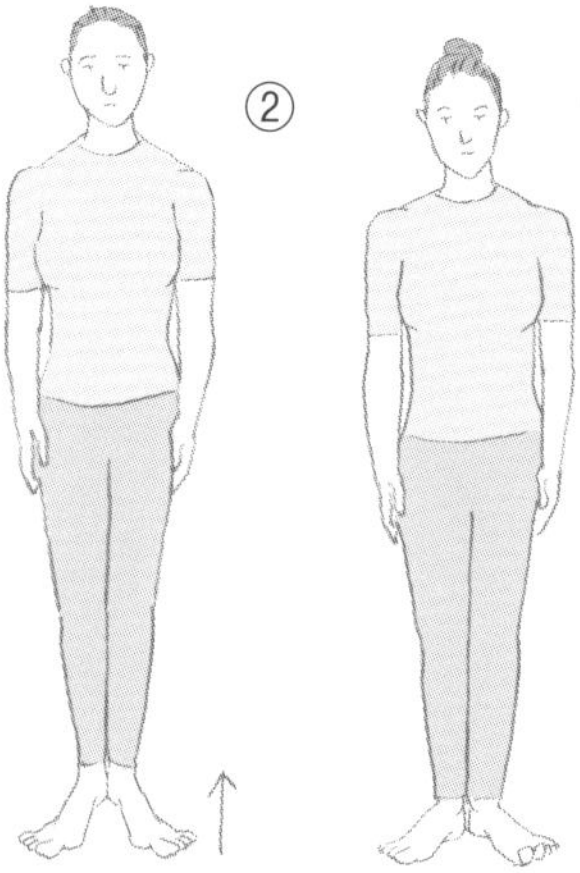

踵を上げるとふらつく人は、三メートル先の床の一点を見て行うと良い

後頭部を天井の方に上げる気持ちで背を伸ばし、そのまま軽く保息する。

③息を吐きながら踵を下ろす。三回繰り返す。

（二）全身の神経を活発にする呼吸

全身の神経系統に振動を加えて、神経活動を活発にします。

①両足を肩幅に開いて立つ。鼻から静かに息を吸いながら、両腕を水平にして前に上げ、両手を握りながら肘を曲げ、両肩近くに引き寄せる。

②肘を完全に曲げ終わった時、息を吸い終わり保息。クンバハカ体勢。拳は力を入れて握るが、肩には力を入れないこと。

③保息したまま握っている両拳の指を、小指から一本ずつ勢いよく弾き開く。

④保息したまま両手を上げる。

⑤前から勢いよく両手を下ろしながら息を口から強く吐く。

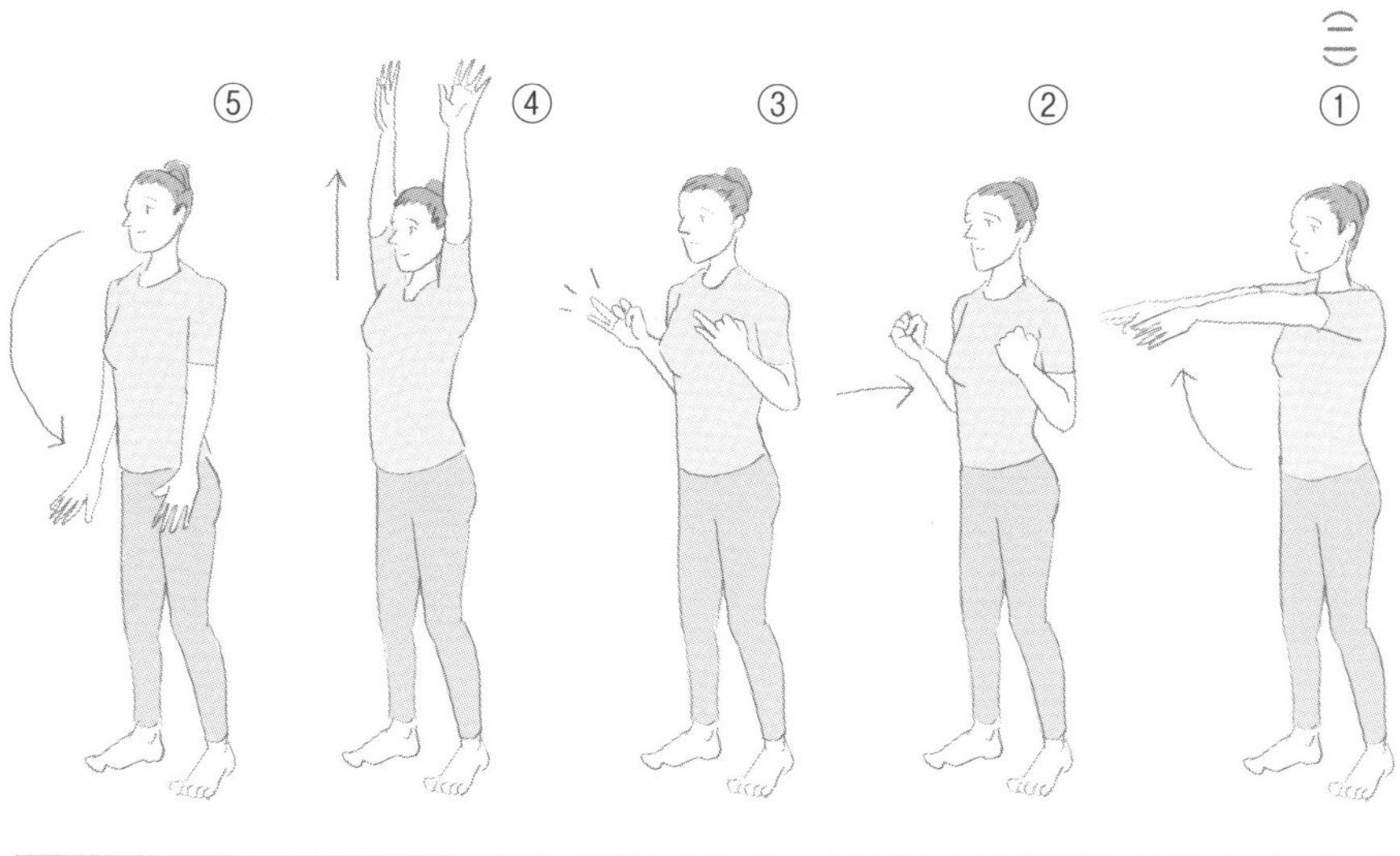

（三）息吹《いぶき》、生命力を高める呼吸

神経系統に振動を与え、生命力を高める、体に活《かつ》を入れる呼吸です。この呼吸法は武道を行う者にとっては非常に大切で、昔から「活身《いきみ》」と言われており、この感覚は、誰でもが小さい頃から痛い目にあった時や、力を入れる時は無意識の内にこの活身を行い、気の力を呼び起こしています。特に下丹田に振動、波動を加えることによって効果が生じると言われます。

①両足を肩幅に開いて立つ。両手の親指を中にして小指から拳を握る。静かに鼻から息を吸う。小指に力を入れる。

②保息する。肩の力を抜き肛門を締める。クンバハカ体勢。

③下丹田に気合を入れて（腹に圧力をかけながら）、奥歯を噛み締めて鼻から息をいきみながら出す。

（四）肺気胞を刺激し肺の活動を促進する呼吸

①息を吸いながら、両手を上体に沿って上げ、掌と指先で胸を数回こすり、マッサージする。

②吸い終わったら両手を胸に当てたままで保息。保息したまま

両手指先で胸を軽く数回叩く。

③保息したまま両手を上に伸ばし、勢いよく息を吐きながら両脇から下ろす。

(五) 肋骨筋、呼吸筋を強くし、肋骨を広げる呼吸

肋骨筋の弾性を維持し活動させることは呼吸をするのに大切なことです。肋骨の背部、下部を大きく広げることで肋骨筋を最大限に大きくし、呼吸力を強くします。

①肩を引き、掌を下に向け、両手を後に回し親指を腰の上で合わせる。ほかの四指は伸ばして前方に向ける。

②息をゆっくり吸いながら、両手を静かに上へすり上げる。親指を出来るだけ肋骨の後ろに置き、四本の指は前方上向きにしっかり伸ばし、親指と人差し指の脇で肋骨をこする感じ。

③息を吸い終わる頃、人差し指の先が乳の上に到着し、両肘を前に張り出し肋骨の後ろ(背中側)を広げる。保息する。

④手を前に回し、肘を張り合掌する。

⑤両手をしっかり合わせたまま、静かに息を吐きつつ下げる。

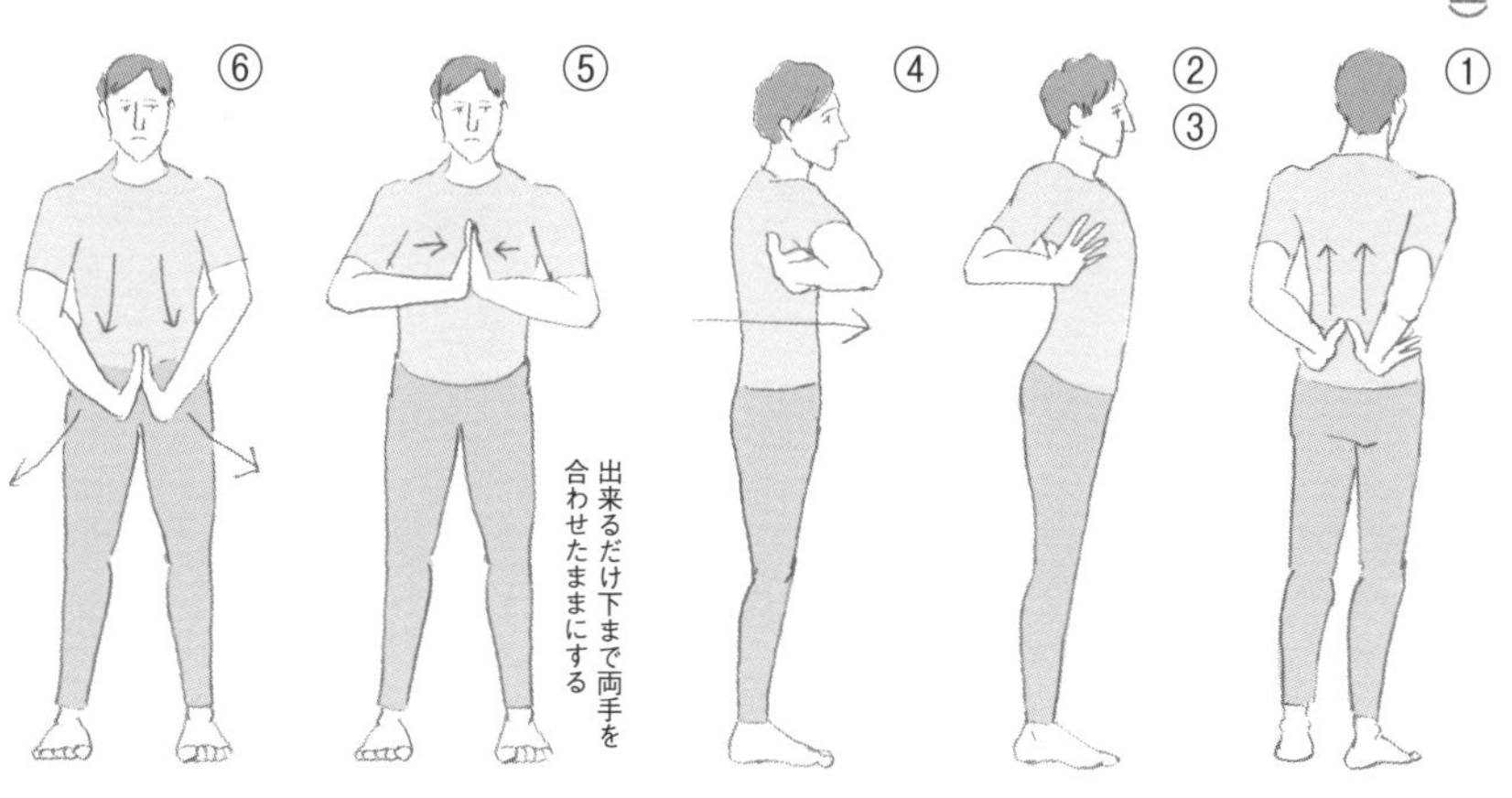

⑥へその近くで両手を分け、両踵を少し上げ、両手を脇に垂らしながら踵を下ろし、息を吐き終わる。

(六) 胸を広げる呼吸

肋骨の前の上部を広げる呼吸です。

①両足を肩幅に開いて立つ。息を吸いながら両手を水平まで前に上げる。

②肘は真直ぐのまま、両手首を内側に曲げる。

③吸い終わったら保息、両肩を引き、肩甲骨を後ろで合わせる。

④両腕を水平よりひと拳上になるように後ろへ勢いよく左右に開き、両拳を後ろに曲げ、踵を上げる。

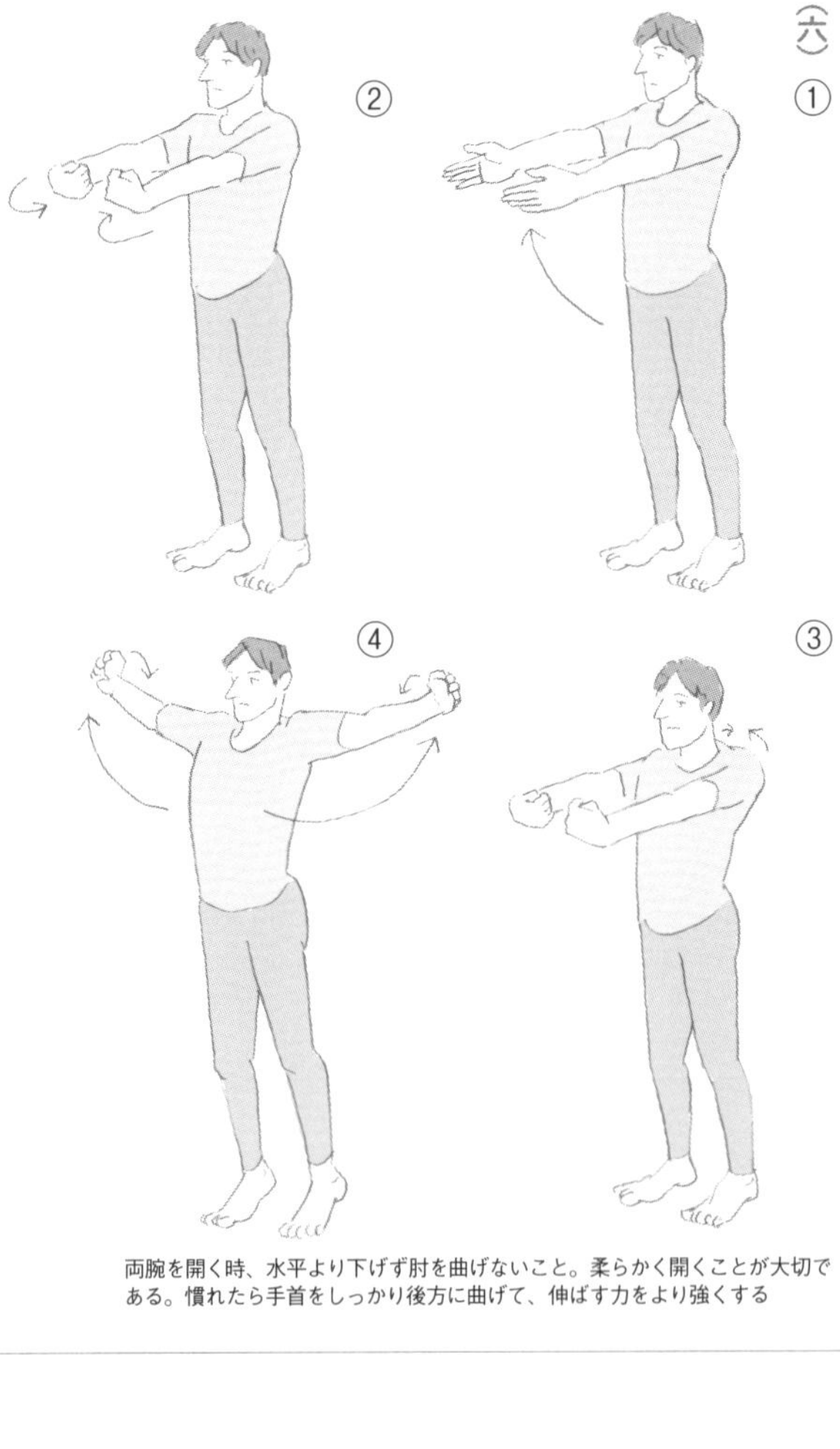

両腕を開く時、水平より下げず肘を曲げないこと。柔らかく開くことが大切である。慣れたら手首をしっかり後方に曲げて、伸ばす力をより強くする

両腕は弾けたゴムが元に戻るように体の前に戻し、踵を下ろす。
これを三回繰り返す。三回行って苦しい人は、二回でもよい。

⑤ 両腕を下ろしながら息を吐く。

(七) 血液の循環を促進する呼吸

① 両足を広げ、両手の間隔を広げて前に出す。腹の前にある一本の棒を握った感じ。

② 息を吸いながら上体を少し前に倒し、両拳をしっかり握り締めつつ両手と両足の間隔を狭め、両膝を曲げ中腰となる。

③ 吸い終わった時、肛門を締め、保息。下丹田に軽く力を入れる。

④ 両手の緊張を解きつつ、上体両手両足を元の位置に戻しながら静かに息を吐く。

(八) 浄めの呼吸

肺をきれいにする浄めの呼吸です。

① 両足を肩幅に開いて立つ。息を吸う。保息。

② 口笛を吹くように口をすぼめ、強く息を瞬間ピーッと鳴るくら

(七)
①

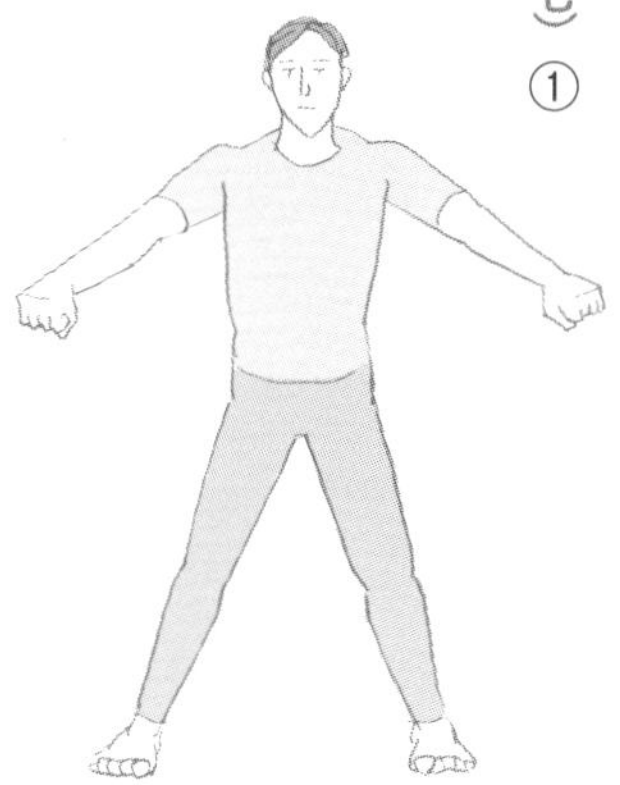

②
③

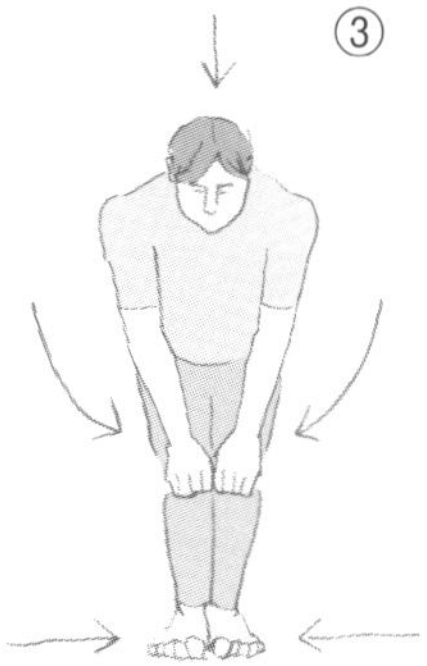

肩、首に力を入れない。
背中を曲げないことが大事

いの勢いで吐き出しすぐに口を閉じ、またピーッと強く吐き出すことを繰り返す。息を吐く時、頬をふくらませないこと、空気を少しも吸わないことが大切。

③ピーピッと繰り返し行い、もう吐けないと感じても、最後に息を吸い込まずに「ハァーッ」と、のどの部分に残った空気を吐き出す。

［この呼吸法の応用範囲］

● 空気の汚れているところから外に出た時
● 精神的にマイナスな雰囲気からプラスの雰囲気に切り替えたい時
● 仕事で考えがまとまらないなど気分を一新したい時

(九) 音声を練る呼吸（有声の気合）

のどと声を強化し、集中力を増す効果がある。よく通る、温かみのある声が良い。

①両足を肩幅に開いて立つ。息を吸う。完全に吸い終わったら瞬間保息し丹田に納め、肛門を締め、腹の底から息を出す気持ちで、ヴェーイ（Vei）と気合を発する。

②発声後、再度肛門を締め、のどに残った息を静かに吐き出す。「Vei」はVの音を出すためにのどの奥から声を出

(九)
①

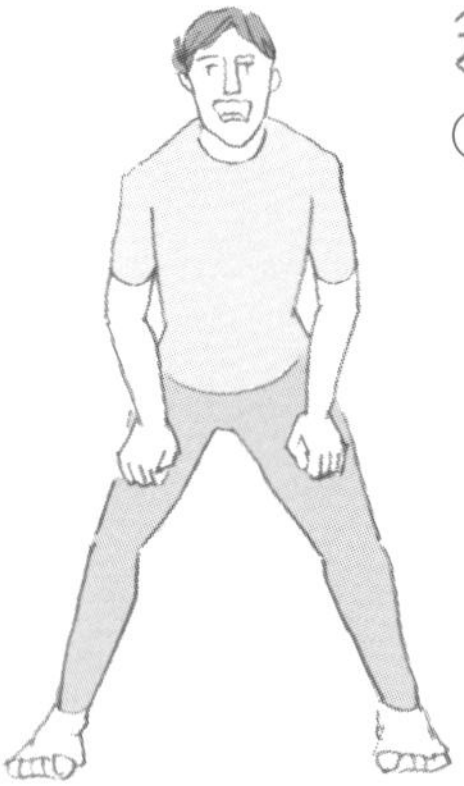

慣れたら、「エーイ、オー、トォー」等の気合も用いる。エ、イの発声は口の中の前の部分で響きが生じるので、頭に響きが上がりめまいがしたり、口先だけになりやすいため、まず「ヴェイ」で訓練するのが良い

さなければならず、自然と腹から声を出すようになるからである。

（十）音声を練る呼吸（無声の気合）

無声で同じく声を練り上げるように息を出します。

①両足を肩幅に開いて立つ。息を吸う。完全に吸い終わった瞬間保息し下丹田に納め、肛門を締め、向かいの壁を突き抜けるような気持ちで勢いよく「ホー（Ｈｏ）」と無声で気合を発する。

②発声後、再度肛門を締め、のどに残った息を静かに吐き出す。

六音の呼吸

六音《りくおん》の呼吸とは

六音の呼吸は「気の錬磨」の中で基本的な稽古法です。なぜなら「呼吸」という人間にとって最重要な行為と、「声を出す」という重要な行為を同化して行うからです。六音とは「あ、い、う、え、お」の五つの母音と「ん」です。「ん」は重要な働きをする文字と音のため、加えてあります。

この呼吸法で大切なのは、呼吸をはっきりと静かに行うことです。声は振動・響き・波動で現れますが、そこには微妙な流れや感じ、思いが込められています。声は心の表れでもあります。「一声一声、気心体一致」の心をもって錬り込むことが必要です。呼吸と音声が同化した時、微妙な働きが生じます。この「六音の呼吸」は、「六音の瞑想法」（p.129）へとつながります。

この呼吸法は何時でも、どこでも出来ます。稽古法が身につきましたら、どの音でも瞬時に選んで行うことが出来ます。その場合は必ず最後に、「無声無音」の呼吸を行ってください。

cf.『合気道に活きる』p.337

【稽古の姿勢】

いずれでもよい。背筋を真っすぐにして、のびのびと行ってください。

- 仰向けに寝て行う。
- 正坐をして行う。
- 椅子に座って行う。
- 立って行う。

【準備の呼吸】

方法は「基本の呼吸」（p.88）に同じです。

① 大宇宙の力を全身に受け入れると意識して、鼻から息を吸いながら、両手を頭の高さまで上げる。

② 口をすぼめて、口から息を吹くように伸ばし吐きつつ、両手を下に下ろす。

③ ①～②を三回繰り返す。

六音の呼吸の手順

六音の呼吸は「有声」「無声」「無声無音」の順に五つの手順で行います。

（一）「あ」の呼吸-①「あ」有声の呼吸

① 鼻から息を吸いつつ、両手を頭の高さまで上げる。息を吸い終わった時、肛門が締まり下丹

「六音の呼吸」、合気道の技の稽古の前に行う

田に軽く力が入り（クンバハカ体勢、p.87）、肩をゆったりさせる。
② 両手を下げつつ、口を軽く開け、「あ」[※1] の発声の口の形とし、腹の底から出す気持ちで息を出す。「あ」の音が発生する。両手が下に伸びきるまで続ける。

（一）－②「あ」半分有声、半分無声の呼吸

① 鼻から息を吸いつつ、両手を頭の高さまで上げる。
② 両手を下げつつ口を軽く開け、「あ」音発声の口の形とする。息を出す。「あ」音が発生する。両手が中丹田の前へ下がるまで「あ」音を発生させる。口を軽く閉じ、鼻から息を吐き「あ」の音を「無声のあ」[※2] に切り替え、両手が下に下りるまで続ける。

（一）－③ 無声の「あ」の呼吸

① 鼻から息を吸いつつ、両手を頭の高さまで上げる。
② 息を吐き、両手を下げながら「無声のあ」の呼吸を両手が下に下りるまで行う。

（一）－④ 無声の「あ」から「無声無音」の呼吸へ

① 鼻から息を吸いつつ、両手を頭の高さまで上げる。
② 両手を下げながら、息を吐きつつ、「無声のあ」の呼吸を行う。

※1 口先で発声するのではない。「あ」をイメージして口をほら貝のようにして、息を腹から送り出す。それによって自然に「あ」の音が生まれる。このように行う。

※2「有声のあ」の音は、息が出る時、のどを振動させて「あ」を発声する。「無声のあ」は、連続して発生した「有声のあ」音がのどの振動が無くなっても残って続く、心の中で聞こえる音である。息が出る時、のどを振動させず、息を吐いている間、「あ」の音が自然に連続している流れで、いわば心に浮かぶ音である。のどの一番上に軽く指をつけて試してください。

③両手が中丹田の前にきた時、「〝無声のあ〟が尽きて」あるいは「矢が弓の弦から自然に離れるように放たれて」「あ」が消え「無声無音となる」。透明な感じとなる。「無声、無音、透明な呼吸」を両手が下に下りるまで行う。音が尽きる、無くなる、燃え尽きるまで「無声無音、透明な呼吸」の気持ち。心だけでなく、体も透明な感じとなる。

（一）―⑤「無声無音」の呼吸

①鼻から息を吸いつつ、両手を頭の高さまで上げる。
②両手を下げながら、鼻から息を吐き「無声無音の呼吸、透明な呼吸」を行う。

（二）「い」の呼吸

①「い」有声の呼吸　②「い」半分有声、半分無声の呼吸　③無声の「い」の呼吸
④無声の「い」から「無声無音の呼吸」へ　⑤「無声無音の呼吸、透明な呼吸」

（三）「う」の呼吸

①「う」有声の呼吸　②「う」半分有声、半分無声の呼吸　③無声の「う」の呼吸
④無声の「う」から「無声無音の呼吸」へ　⑤「無声無音の呼吸、透明な呼吸」

（四）「え」の呼吸

①「え」有声の呼吸　②「え」半分有声、半分無声の呼吸　③無声の「え」の呼吸

④無声の「え」から「無声無音の呼吸」へ　⑤「無声無音の呼吸、透明な呼吸」

（五）「お」の呼吸

①「お」有声の呼吸　②「お」半分有声、半分無声の呼吸　③無声の「お」の呼吸

④無声の「お」から「無声無音の呼吸」へ　⑤「無声無音の呼吸、透明な呼吸」

（六）「ん」の呼吸

①「ん」有声の呼吸　②「ん」半分有声、半分無声の呼吸　③無声の「ん」の呼吸

④無声の「ん」から「無声無音の呼吸」へ　⑤「無声無音の呼吸、透明な呼吸」

無声無音の呼吸、透明な呼吸

①両足を肩幅に広げて立つ。もしくは、椅子に座る。床、マットに座って行う時は背筋を伸ばして行う。

②両手を頭の高さまで上げ、息を鼻から吐きながら両手を下に下ろす。

③両手を上げながら息を吸う。軽く保息。

④両手を下ろしながら無声無音の呼吸。透明な呼吸。
⑤②〜④を繰り返す。

半身で行う無声無音の呼吸、透明な呼吸

呼吸法を続けていると、無声無音、透明な状態は自然と生じるようになります。この呼吸は全ての行動につながり、この呼吸を行っていると、感覚、気持ち、身体感覚等が透明な感じとなります。呼吸という重要な生命活動と共に行う動作は、全ての生命活動に広がります。芸術を行うのに必要なことは、透明な心と透明な身体感覚です。透明な心身を得るため、多くの人々があらゆる工夫を凝らして探究してきました。この六音の呼吸を通じて無声無音の呼吸を自在に行えるようになれば、生命の働きに大きなプラスとなると信じています。

［方法］

基本の呼吸（p.88・93）参照。悠々と行う。

呼吸合わせ（呼吸の合《ごう》一《いつ》）

（一）②

基本の方法

呼吸法の同化方法は多岐にわたりますが、ここでは基本的な方法を掲載します。呼吸合わせとは、気合わせともいい、二人以上の者が同時に呼吸を行い、呼吸が同化、融合する状態となる呼吸法です。行う者が透明な気持ちで行えば、自然と呼吸が合うようになります。

［注意点］

▼呼吸合わせは、のびのびと行うことが大事で、合わせようと思って焦らない。

▼知らず知らずのうちに、競争意識にならないようにすることが大事。

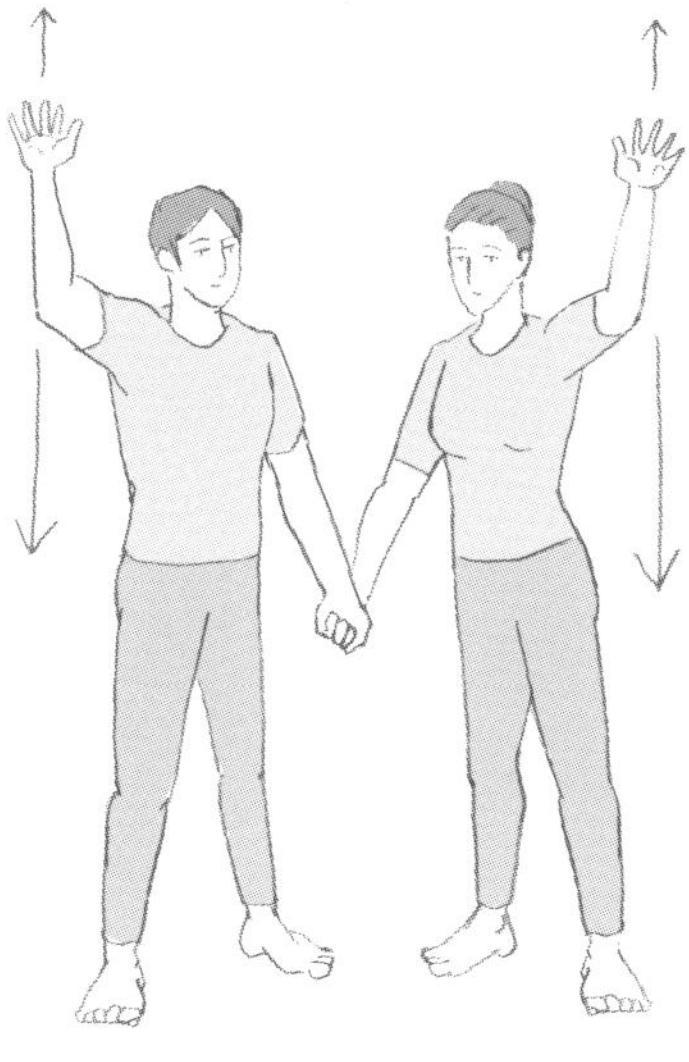

方法（一）

手をつないで行います。並ぶ時、互いの手の動きが自然に目に入るように角度をつけて並び、何気なく互いの動きと共に行うこと。

①二人で並び、片手を軽く握り合う。

②空いている手を胸の前で上げ下げしながら呼吸を行う。

二人が一人となったような感じになる。

方法（二）

①一人が正面を向いて立つ。

②後ろにもう一人が立ち、前の人の背中の肩甲骨辺りに両の掌をつける。

この後は二通りある。

③A　前者は、前から腕を上げながら息を吸う。両手が上まで上がったら静かに保息。両手を横から降ろしながら吐息する。後ろの者は、前者の両手の動きに合わせて、吐息、吸息。保息、吐息を行う。

B　前者は、両手を胸に沿って上げながら息を吸い、両手が頭の高さまで上がったら静かに保息、両手を胸に沿って下ろしながら吐息する。後ろの者は前者の腕の動きに合わせて呼吸を行う。

（二）③A

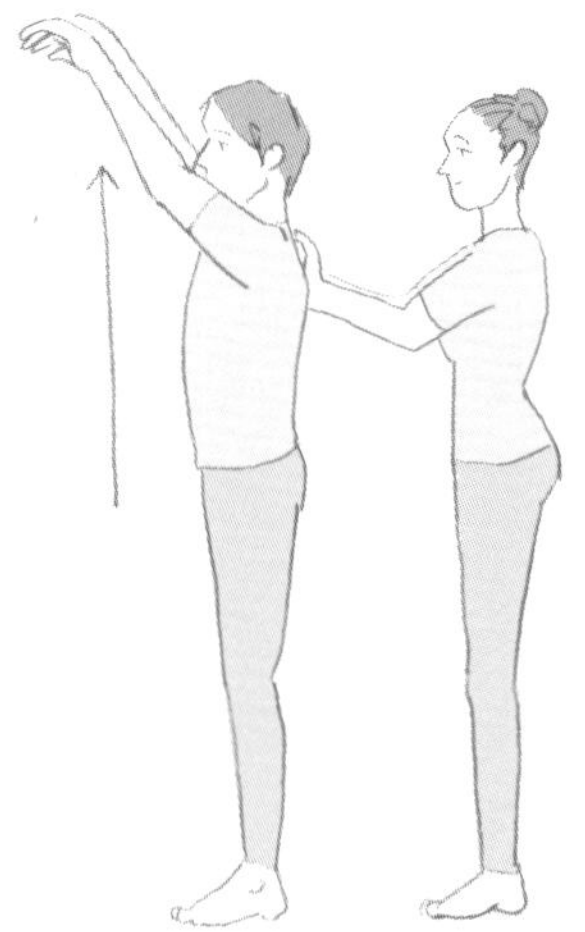

イタリア合気会夏期講習会（コベルチャーノ、フィレンツェ）、1976年

方法（三）

① 一人が正面を向き立つ。その後ろにもう一人が立つ。
② 前者は一人で方法（一）のように呼吸を行う。
③ 後者は前者と同じように両手を上げ下げして、呼吸を行う。

方法（四）

① 一人が正面を向き立つ。その後ろにもう一人が立つ。
② 前者は一人で方法（一）のように呼吸を行う。
③ 後者は両手を動かさずに、呼吸を合わせる。

方法（五）

① 互いに向き合って立つ。三メートルほど間をあける。
② 互いに同じ動きの呼吸を行う。前の人の呼吸を静かに見て行う。

方法（六）

① 互いに向き合って立つ。
② 一人が両手を上げ下げして呼吸を行う。

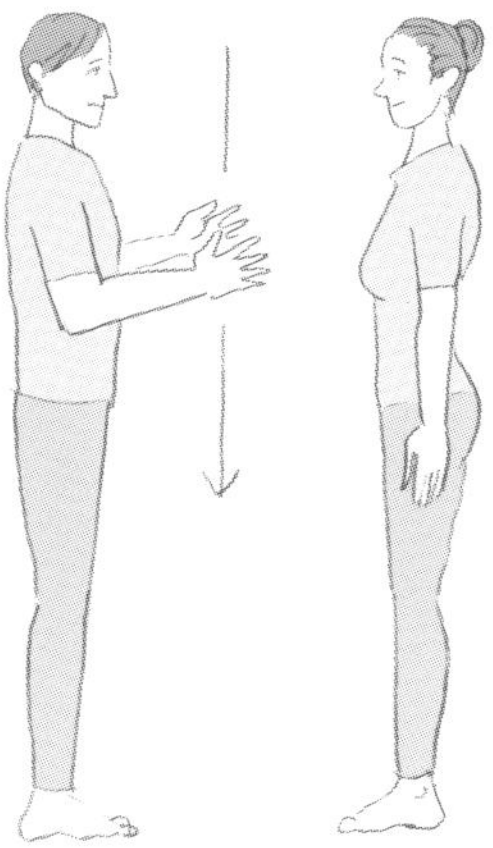

（六）②③

③もう一人は両手を動かさずに、呼吸を行う。

方法（七）……数人から大勢で行います。

①輪になって行う。

②全員が半身になり呼吸を行う。

②左右の半身の切り替えを行う。

方法（八）……数人から大勢で行います。

全員が先生に合わせ、半身で行う呼吸法で行います。「基本の呼吸」（p.88）に同じです。

グループで行う音声、気合を聞く呼吸

①一人（「取り」）が円の中央に立つ。

②周りを数人（「受け」）で囲む。中央に立つ「取り」との間隔は数メートル。

③「取り」の正面にいる者から、音声、気合を発声する。時計回り、反時計回りで次々に発声する。「あ、い、う、え、お、ん、エィ、ヤー、トー」等。

イタリア合気会春期講習会「呼吸合わせ」、(ローマ)、2017年

〈五章〉

瞑想法

瞑想法の基本

瞑想法と人間の文化[※1]

まず瞑想とは、基本的に静かに心を整えることであります。また、観想とは対象を心に集めて一体となる感じです。

瞑想法は、人類が生んだ多くの文化や技術の中で、多大なる影響を数千年の長きにわたって、我々に与えています。今日ある人間の文化生活は、この瞑想法とその結果得られた直感から生まれ、育てられたといっても過言ではないと思います。一章で述べたように、東アジアの文化圏にある日本の住人は瞑想することを好み、宗教を大事にしてきました。江戸時代には、徳川幕府が平和維持のための宗教政策を進め、日常的な宗教儀礼や儀式等が日本各地で定着しました。当然、時代が進むにつれて研究も進み、特徴のある瞑想法が生まれ、整えられ、今日では現代生活にあった瞑想法を我々が行うことが出来るわけです。

瞑想法とは何か

※1 厚生労働省eJIM
（イージム：「統合医療」情報発信サイト）
https://www.ejim.ncgg.go.jp
民間療法をはじめとする相補（補完）・代替療法と、どのように向き合い、利用したらよいのか等を考えるために、エビデンス（根拠）に基づいた情報を紹介しているサイト。瞑想についても安全性を含めた記述がある。

我々は日常身近な、目に見える物だけに注意を奪われがちです。人は自分の身体内部に棲む、膨大な量の見えない細菌・微生物と共生し、不思議な働きをする心を持っています。

人間が瞑想を行うようになったのは、ヨーガでは今から約※1五千年前と言われています。夜空はぎっしりと星で埋まり、現在よりも自然と人間が身近であった時代、「宇宙と人間の関係」「真の我とは何か」を探究する心が、ヨーガの経典『ヴェーダ』『ウパニシャッド』に「梵我《ぼんが》※2一如《いちにょ》」として表れることになり、やがて時を経て仏教と共に日本にも伝わってきました。

はるか昔の時代から、瞑想法は、法則的に人間を訓練する「科学的訓練法」でした。呼吸法の訓練により、宇宙に充満している宇宙根本のエネルギー（気・プラーナ）を受け入れ、集中してその働きをより精密に強く、人間の能力を高度に練り上げる法則に沿った技術です。このことは、代表的な瞑想の学問ともいえるヨーガの伝書『ヨーガ・スートラ』には、単なる教訓や啓示でなく、人間の心の構造についての学問的観察と心の一番奥にある真実の知恵を開発する技術が書かれていることからもわかります。

世界的にも二十一世紀は瞑想と科学が一致する時代とも言われています。瞑想法を基盤とするアメリカ発祥のマインドフルネスは、現に日本でも官公庁や民間企業、各種団体などで研修に多く取り入れられています。瞑想を行うことによって生じる多くの効果は、「生命力の向上」「心の絶対安定」「直感力の増大」「人間能力の拡大」などと言われ、日常生活、芸術、身体活動にとって大きな効果を挙げるものがあるのです。

※1 インダス文明の頃、瞑想をするシバ神の像がモヘンジョダロの遺跡から出土したという。

※2 梵我一如 梵と我は同一であるということ。梵は宇宙の根本原理、我は個人の本体のこと。

瞑想法の広がり

静的に行う瞑想法と動的に行う瞑想法

静的瞑想法としては、ヨーガ、禅の坐法、神道の行法に従って行うもの、正坐して行うもの、椅子に座って行う法、立ち禅などがあります。動的瞑想法には、本書で紹介する天のとり舟の行、振るたまの行をはじめ、歩く、走る、滝に打たれる、井戸水を浴びる、海、湖、川に入る、音楽を奏でる、踊る、鈴を振る、太鼓を打ち鳴らす、木刀や杖を振る、農耕を行うなど。また「動く禅」といわれる合気道、禅寺では作務という修行があり、究極には日常生活そのものが瞑想法となってゆきます。

日本の瞑想法のうち、半分以上は動的瞑想法です。人間は静的にも動的にも活動します。従って動静両方の瞑想法が出来ることが肝要です。

動的修行法と静的修行法が結合した修行としては、有名な比叡山の[※1]千日回峰行があります。また、一二〇〇年前に弘法大師空海が修行されたと伝わる霊場を巡る、四国の[※2]お遍路は、歩く瞑想法と言えるでしょう。

※1 比叡山の千日回峰行は1200年の歴史があり、7年間で歩く距離は3万8000キロ、ほぼ地球の円周（4万キロ）に近いというもの。

※2 四国遍路は八十八ヶ所霊場を巡る全行程で1400キロあり、回遊式に巡礼するのは世界的にも珍しいといわれる。海外からのお遍路さんも多く、人気である。

数息観《すそくかん》

腹式呼吸で静かに呼吸し、吐く息を数えて、心を整えます。古来より行われている呼吸法、瞑想法であります。

①椅子、または床に座る。姿勢を正して、ゆったりと座る。体を左右に動かして腰が安定しているか確認する。

②両手を腿に載せ、右の掌の上に左手を載せ両手の親指の先を水平にして合わせる。口をすぼめて息を静かに吐き、鼻から息を吸う。

③息を鼻から吐きながら「ひとーつ」と声を出さずに数える。

④これを十まで行い、次はまた一から数え始める。

経行《きんひん》

動く瞑想法の基本で、大切なものです。座って瞑想を行った場合に行います。特に長い時間、瞑想を行った場合は、最後に瞑想を収める法（p.135）を必ず行うこと。

①ゆっくりと体を左右にゆすり、気を整えてから静かに立ち上がる。部屋の中を右回り（時計回り）に歩く。

②両手を組んでいた状態から両手を上に上げながら親指を下に回し、手の甲を上にする。左手を軽く握り右手の人指し指から小指までの四本を左の甲に載せ、胸の前におく。

③　一呼吸に一足半歩（足のつま先から踵までの長さの半分）で歩く。

武士と瞑想

武士の世界でも瞑想は重要でした。時代を遡っても武芸の各流祖は、いずれも幼少の頃から武術を好み、優れた師について研鑽を積むのみならず、ほとんど例外なく神社仏閣や深山幽谷に籠もり修行しています。

見える世界での修行を尽くし技術の研鑽を極めたところで、見えない世界での修行、現代の我々では想像も出来ないような激しい行を行ったからこそ、武芸を極めることが出来たのだと思います。古い時代だからといって、人間が迷信的だったわけではなく、「見えない世界」の重要性を認識し、自覚していたからこその修行であったと考えています。

瞑想法実習

瞑想法を始める前に

瞑想法は人間の歴史、文化から生まれた意義深い訓練法です。それだけに丁寧で精密な稽古が要求されます。初めて瞑想法を学ばれる方は、熟練した良い先生について稽古すると良いでしょう。本書ではいろいろな職業や、趣味を持っている方々が選べるように多くの瞑想への入り方を挙げましたが、自分でやさしく出来るものを一つ決めてその方法を行われるのが良いと思います。

歴史上知られている瞑想法

※白隠禅師は日本中を旅して禅の修行に励みました。二十六歳の頃、激しい修行により強度の神経の病にかかり危険な状態になりますが、京都北白川の山奥に住む白幽子《はくゆうし》という仙人から「内観の秘法」を授かり、これを行じたため回復したといいます。後に、多くの人から秘法の教示を乞われ著わしたのが『夜船閑話《やせんかんな》』『遠羅天釜《おらてがま》』です。『夜船閑話』で説かれた法

※ **白隠慧鶴**（はくいん・えかく、1685~1768）江戸時代中期の僧、臨済宗中興の祖。書画に長けた。『遠羅天釜』は白隠禅師が使用していた茶釜の愛称。

は、未だ抗生物質が発見されず、結核による肺の病が死に至る病であった頃、信じて行えば回復する唯一の方法として、必死で行われた法であります。ここに挙げる白隠禅師の優れた法は、全ての人間の行動を昇華する法でもあり、この方法を現代的に行うことは、非常に有意義であると信じます。

内観の法

「この秘法を習おうと思うならば、すべてのことをやめて、まず、ぐっすりと一眠りして目を覚ますがよい。その、未だ眠りにつかず、まぶたの合わない前に、長く両足を伸ばし、強く踏みそろえ、身体中の元気を臍の下の下腹部（気海《きかい》丹田）、腰と足の土踏まずに充実させ、幾度もこの観想をしなさい。

（一）※1 我がこの気海丹田、腰脚足心、すべて是れ我が本来の面目。面目何の鼻孔かある。

（二）※2 我がこの気海丹田、すべて是れ我が本分の家郷。家郷何の消息かある。

（三）※3 我がこの気海丹田、すべて是れ我が唯心の浄土。浄土何の荘厳かある。

（四）※4 我がこの気海丹田、すべて是れ我が己心の弥陀。弥陀何の法をか説く。

このように繰り返してたえず観想してみなさい。観想の効果が積もれば、体全体の元気が腰脚足心の間に充足して臍下丹田がひょうたんのように張ってまりのように固くなるだろ

※1 本来の面目：ありのままの心の本性、仏性、真の我。沢庵禅師『太阿記』に「真我のわれとは、天地未分以前、父母未生以前の我なり。この我は、我にも鳥獣畜類草木一切の物にある我なり。即ち仏性というものこれなり。」とある。）

※2 自分が最も安心して住めるところである本分の家郷は、既に自己の中にある。消息便りなど、あるはずがない。

※3 浄土は遠くに有るのでは無いといい、我が心の中にある。

※4 対語のようになっており、我が気海丹田はすべて自分の身の中にある弥陀である。別の弥陀が法を説くわけが無い。

う。このように観想して続けて五日七日に三週間経過すると今までの五臓六腑、気の病がすっかり治るでしょう。」

軟酥《なんそ》鴨卵《おうらん》の法[※1]

「背筋を真直ぐにして坐ります。色も香りも清らかな、鴨の卵の大きさの柔らかい酥《そ》（牛、羊、山羊の乳から作った生チーズのような物）を、頭の上に静かに置いたと観想しなさい。その香りと味は、なんとも言い表せないほど優れていて、頭全体を潤《うるお》し、しんしんと降りてきて、両肩と両肘におよび、さらに両乳、胸の間、肺、肝、腸、胃、背骨、尾骶骨《びていこつ》まで次第に潤し注ぎます。この時になると、五臓六腑の病によっておこる胸中の痛みや、疝気《せんき》や、いろいろな痛みが、心に従って降りるのが、水が下に流れ降りるのと同じように、はっきりとその様子が聞こえてきます。全身を巡り流れて両脚を暖かに潤し、足の土踏まずに至って止まります。修行者は再びこの観想を行いなさい。

このように行って居ると、ひたひたと、流れ潤した余流が積もり讃えて温め浸すことは、あたかも世の優れた医者が種々の良い香りの良い薬を集めてこれを煎じて水桶の中に一杯にして自分の臍《へそ》から下をひたすようなものになります。

この観を成す時、全ては心の現れでありますから、鼻にはたちまち妙香が香り、身には軟酥が触れるような気持ちになります。心身が快適なのは、二十代三十代に勝るようになり

※1 軟酥鴨卵の材料、仏教の教えと漢方薬については、『遠羅天釜』に詳しく説かれている。

ます。この時に腹内の腫れや痛みをともなう主な病を消し、胃腸を調和させ、自然と肌に光沢が生じます。もしこの法を怠らずに続けるならば、どのような病も良くなり、どんな徳行も積めるし、どんな仙人にもなれるし、何れの道も成就することが出来るようになります。その効果が早く出るか遅くなるかは行う者が丁寧に行うか否かによります。」

また、白隠禅師は『遠羅天釜』上巻の中で　佐賀藩の武士の問いに答える形で「動中の静、静中の動」について説いています。

「大慧《だいえ》※2禅師も動中の工夫が、静中の工夫に勝ること百千億倍すると言われた。思うに、このように言われたからといって、静中の工夫を捨て去って故意に動中の工夫をせよというのではない。ただ、動静の二境を自覚せず、動静の区別がわからぬほど、工夫純一なることが、尊いというのだ。」

合気道開祖・植芝盛平先生の「鎮魂」の行

呼吸法と共に行うと、気が生命に満ちるのを感じるようになります。出来れば、経験があり、瞑想力（同化力）のある方と一緒に行うと良いでしょう。

① 正坐、または椅子に座り姿勢を正す。

② 印を結ぶ。両掌を上に向け、左右の指を上に向け広げる。右手小指を左手の小指と

横から見た図　　自分側から見た図

※2 大慧宗杲
（だいえ・そうこう、1089～1163）中国宋代、臨済宗の高僧。

薬指の間に入れ、薬指、中指も組み入れ、両手の人指し指の先をつける。両手を合わせ、左親指を右親指の上に載せる。
③両前腕を水平にして人指し指が目の前にくる高さにする。
④眼を閉じ、呼吸を整え、上丹田に感覚を集める。
⑤瞼に浮かぶものは全てそのまま見送る。
⑥時間は一五分ほど。瞑想を収める法（p.135）をして終わる。

中村天風先生の「真理瞑想」

私が入門した当時、東京の音羽護国寺にある月光殿で、毎月修練会を行っていました。合気会と同じく宣伝は全く行わず、会員の紹介した人だけが集まる会でした。

「皆さん、ようこそおいでになりました。私が中村天風であります」

不思議なほどよく通る声で腹の底の底まで響き、全て体験に基づく緩急自在の講演は迫力があり、特色ある講義と実技で、先生のなさる体術のお相手を私はしばしば務めました。

①床、または椅子にゆったりと座り、姿勢を正す。
②目を閉じて、呼吸を整える。

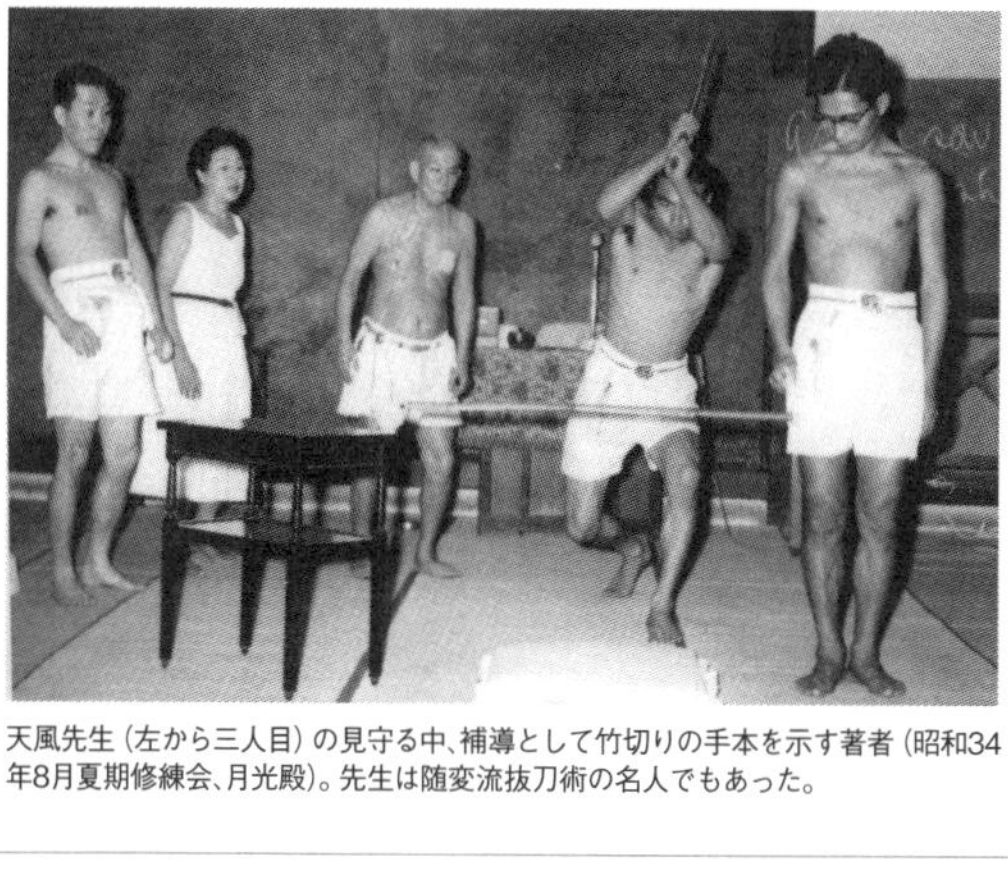

天風先生（左から三人目）の見守る中、補導として竹切りの手本を示す著者（昭和34年8月夏期修練会、月光殿）。先生は随変流抜刀術の名人でもあった。

イタリア合気会夏期講習会（ラ・スペツィア）、2017年

③道を説かれた先哲者や先生の言葉と教え、家族や友からの助言など、明るい言葉を思い出し、その時の情景を瞼に描き出す。暗い印象等を思い出した時は口からフッと息を吐き、頭を左右に振ると、消すことが出来る。

④行う時間は数分から一五分ほど。最後に「有難うございます」と言い終わる。

安定《あんじょう》打坐《だざ》（ヨーガ式坐禅法）

中村天風先生は救民済世の志のもと、教えを説かれていましたが、どうしても言葉では説明できないことがありました。それは修行をやり遂げた者だけが知る心の世界であったといいます。

ある日、人に招かれて工場見学している時、どういうわけか、大きな音を立てて回っていたモーターが一斉に止まりました。その瞬間、カンチェンジュンガの麓の村で長い間、ヨーガの瞑想を行っていた時と同じ状態になったといいます。「これだ」と先生はその瞬間に思われたそうです。天風先生のこの方法は、工夫次第で無限の発展があります。

①低めの音が出る小型のブザー、あるいは仏事で使用する鈴《りん》を用意する。

②床、椅子にゆったりと座る。

③両掌を上に向け、指を組む。両手の人差し指の指先を立て、親指と合わせ印を結ぶ。

④ブザー、または鈴を鳴らす。

⑤始めは目をつぶり、音を聴く。一五秒で音を切る。

⑥鈴の場合は音が自然に消えるまで、あるいは一五秒ほどで鈴を押さえて音を消す。音を聴く時は、音に乗る、同化する気持ちで聴き、音が消えると「無声の声」に自然に同化する。

六音の瞑想法

「あ」音は物事の始まり、言寿《ことほぎ》、言葉による祝福で、「ん」は完成、感謝、喜びを表します。六音の呼吸（p.104）は、呼吸法として行う場合は、呼吸という技術面に注意の焦点があります。瞑想法としての六音の呼吸は、瞑想としての機、技術、変化等が重要視されます。両方が最上になるように稽古することが大切です。

始める時、口をすぼめて息を吐く。

①「あ音」を観想する。鼻から息を吸う。口、舌を「あ」の音が出る形にする。静かに腹から息を出す気持ちで息を吐く。「あー」の響きが出る。「あー」の波動と一体となり「あ」と同化する感じとなる。

②有声無声の「あ」を観想する。鼻から息を吸う。①のように「あー」を発声、半ばで無声の「あ」にする。黙声、吐く息を弱くして声帯を振動させず黙読するように「あ――」と息を吐く間、心に浮かべる。有声の「あ」、無声の「あ」の波動と同化する感じとなる。

③無声の「あ」を観想する。鼻から息を吸うように無声の「あー」を行う。無声の「あ」と同化する感じとなる。

④無声の「あ」から「無声無音、透明な呼吸」で鼻から息を吸う。無声の「あ」を半ばまで行い、口を閉じ吐息を鼻で行う。無声の「あ」は自然に無くなり、「無声無音、透明な音」となる。「無声無音、透明な音」と同化する感じとなる。

⑤「無声無音、透明な音」を観想する。鼻から息を吸う。④のように鼻から吐息し、「無声無音、透明な音」と同化する感じとなる。

六音の瞑想法、終わりに※透明な気持ちになることを「一念法《いちねんほう》」として行います。宇宙に充満する至大至剛、浩然の気（p.38）と同化し一体となる気持ちです。丁寧に呼吸を行うと、自然とそうなります。最後に、瞑想を収める法（p.135）を行うこと。

眉間（上丹田）に心像を描く

①椅子または床に座る。姿勢を正しゆったりと座る。

②両手をそれぞれ腿の上に置き、親指と人差し指をつけて輪にする。

③宇宙の智慧と力を受け入れると強く思念し、息を鼻から吸いながら、感覚を上丹田（p.84）に集める。息をゆっくり、少し軽い圧力をかけるように、鼻から受け入れた気が活性化する気持ちで吐き込む。

芸術の一人瞑想稽古

※「無心になる」というのは大変に難しいことであり、「透明な音」と同化することにより「透明な気持ち」に入る。

どのような芸術でも、自分で探究することは素晴らしいことです。芸術を行うには、誰でも初心の時から今日に至るまで、多くの事があったでしょう。それだけでも瞑想を行うには十分なことです。先生の姿や声を思い浮かべるところから自分の稽古に至るまで、出来る限り精密に、実技の姿をありありと描き出します。

理想とする名人の姿や作品を描き、同化する瞑想は古来より行われている、重要な方法です。これを行ってゆくと、あなた自身の芸術が瞑想的になり、不思議な魅力が出てくると思います。

【瞑想の題材～日常生活と瞑想の同化】

題材は無限にあります。家族の明るい話題、住んでいる街の風景、料理、仕事、読んだ本、音楽、スポーツ関係、社会の動き、研究中の諸問題など。基本的に明るく朗らかなことが、瞑想の稽古としては大切です。

①椅子または、床に姿勢を取り、のびのびと行います。

②静かに目を閉じて、自身で行っている芸術の練習過程を眉間（上丹田）に浮かべます。

行動を伴う瞑想

流れる光となって行う瞑想法

日常から、収気の法（p.86）をよく行っていること。始める前に、六音の呼吸（p.104）を行います。

①立って、両手を輪のように組み、前に出す。

②息を吸い「ウ――」と静かに響きを起こし、響きが右回り（時計回り）に流れるように、左腕↓右腕↓胴体↓左腕とぐるぐる回す。触覚的に感じるようになる。

③同様に左回り（反時計回り）も行う。

朝日の瞑想

早稲田大学の合気道会は、千葉県房総半島東海岸でよく合宿を行っています。昭和三十五（一九六〇）年頃、九十九里浜での合宿では、日の出前に起床し、浜辺を裸足でランニング。眼前に広がる雄大な太平洋の水平線が輝きだし、真っ赤な太陽が昇る瞬間、「朝日の呼吸」（p.84）を学生一同と共に行いました。全身に太陽の光を浴びるダイナミックな光の瞑想法であり、植芝盛平先生が行われた「朝日の呼吸」（p.84）の発展したものです。これを観想行（心像に描く）で行えば、近代的な軟酥鴨卵の法（p.125）となります。

養動法

中村天風先生の法で、丹田を練る、動く瞑想法です。養動法には、基本として五つの姿勢があり、目を開けたまま行います。養動法に慣れると、身体を自動的に動かすコツがわかるようになります。

A 仰向けに寝て行う。両脚は肩幅に開く。

B 仰向けに寝て両脚を腰の近くに引き寄せ膝を二〇センチほど開く。ベッドが柔らかい時などに行う。

C 正坐・胡坐《あぐら》。足を組んで座った姿勢。

D 蹲踞《そんきょ》。

E 立って軽く膝を曲げ、腰を落とす。乗馬の姿勢。

［方法］

① A、B、Cは、肛門を巻き上げるように締め、下丹田に少し力を入れ左右に円を描くように揺する。

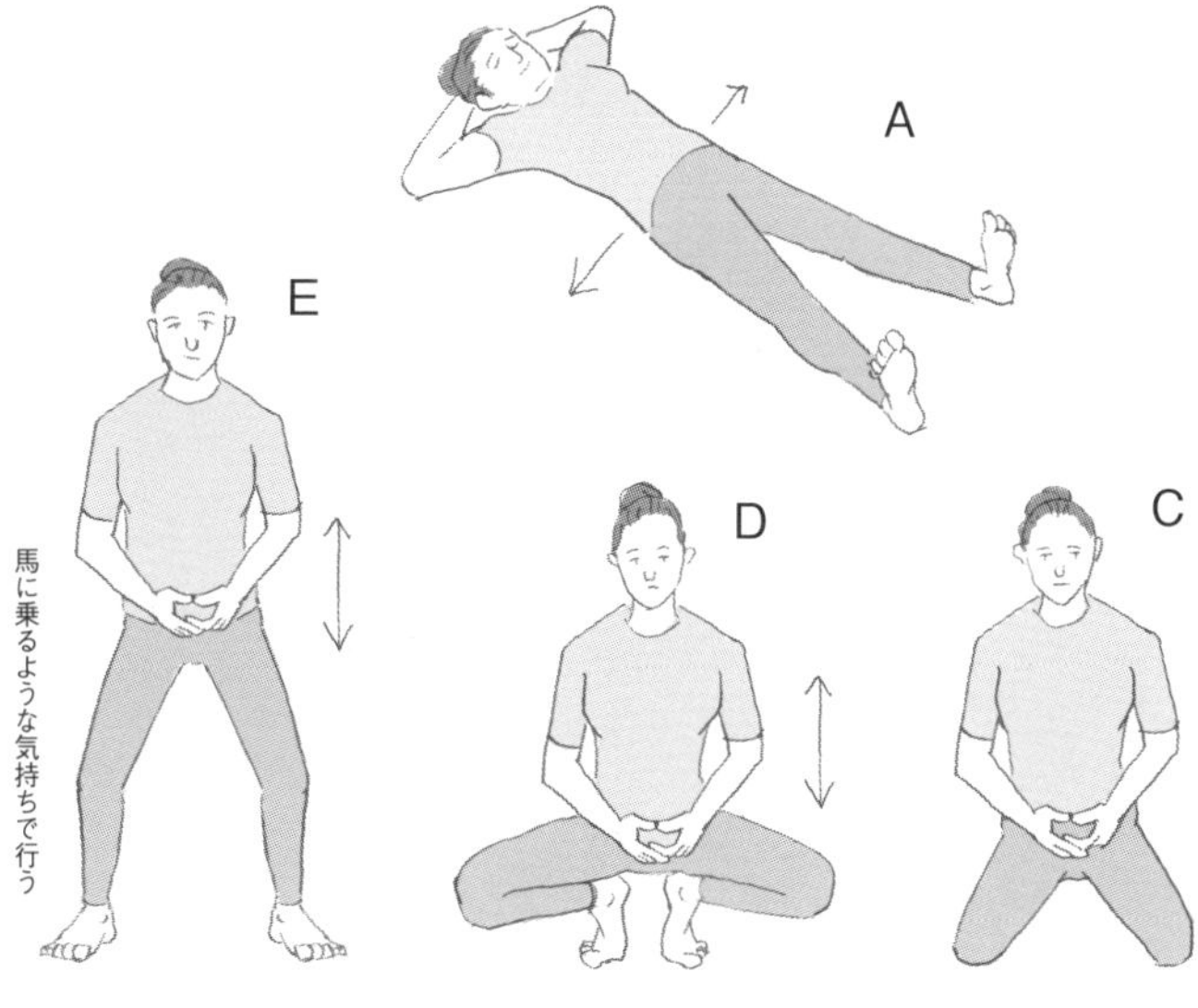

②D、Eは肛門を巻き上げるように締め、下丹田に少し力を入れ、膝のリズムで上下に振動する。

天のとり舟の行、振るたまの行

①天のとり舟の行。両足をそろえて立ち、左足を前に進め、左半身となる。両手を腰につけ、「エイ」という気合と共に、舟を漕ぐように両手を前にしっかり伸ばし出す。「ホー」の気合と共に、伸ばした両手を引き腰につける。同じ動作を数回繰り返す。

②振るたまの行。左足を引いて両足を肩幅に開いて立ち、左手を上、右手を下にして、両手を組み合わせ、上下に振り、眉間（上丹田）に集中する。

③天のとり舟の行。次に、右足を前に進め、右半身となる。両手を腰につけ、「エイ」という気合と共に、舟を漕ぐように両手を前にしっかり伸ばし出す。「サー」の気合と共に、伸ばした両手を引き腰につける。同じ動作を数回繰り返す。

④右足を引いて、振るたまの行。①の動作を行う。

⑤左足を引き、振るたまの行を終えたら、合掌、両手を頭上に上げ、指先を組み、「エイ」の気合と共に胸の前まで下ろす。

①天のとり舟の行

瞑想を収める法と諸注意

この動作は必要かつ重要です。瞑想法を行った後には、必ずこの終末動作を行います。

【瞑想を収める法（終末動作）】 ※座って行いますが、慣れてきたら、立って行ってもよい。

①正坐か跪坐になる。
②息を吸いながら両腕を上に伸ばし手の甲を合わせる。
③息を勢いよく吐きながら両手を横から振り下ろし、両掌を合わせて叩く。
④息を吸いながら、両手を合わせたまま指を組みながら上げ、指を組んだまま手前に手を回転させつつ下に伸ばし、息を止める。
⑤保息したまま、組んだ両手を伸ばして掌を突き出し、頭上に上げる。
⑥両手を左右に分けて勢いよく下ろしながら息を吐く。
⑦同じ動作をもう一回行う。

振るたまの行

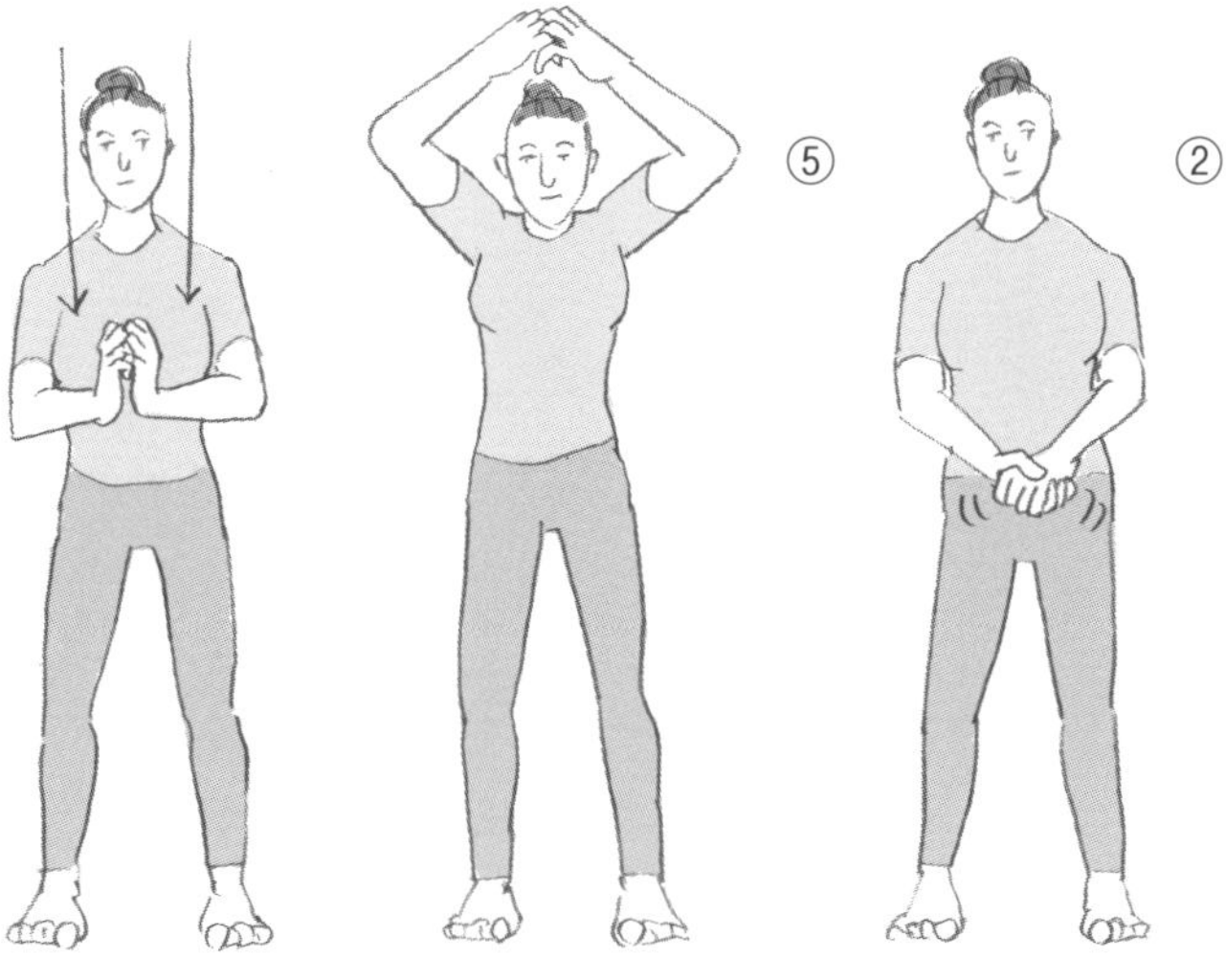

瞑想を収める法

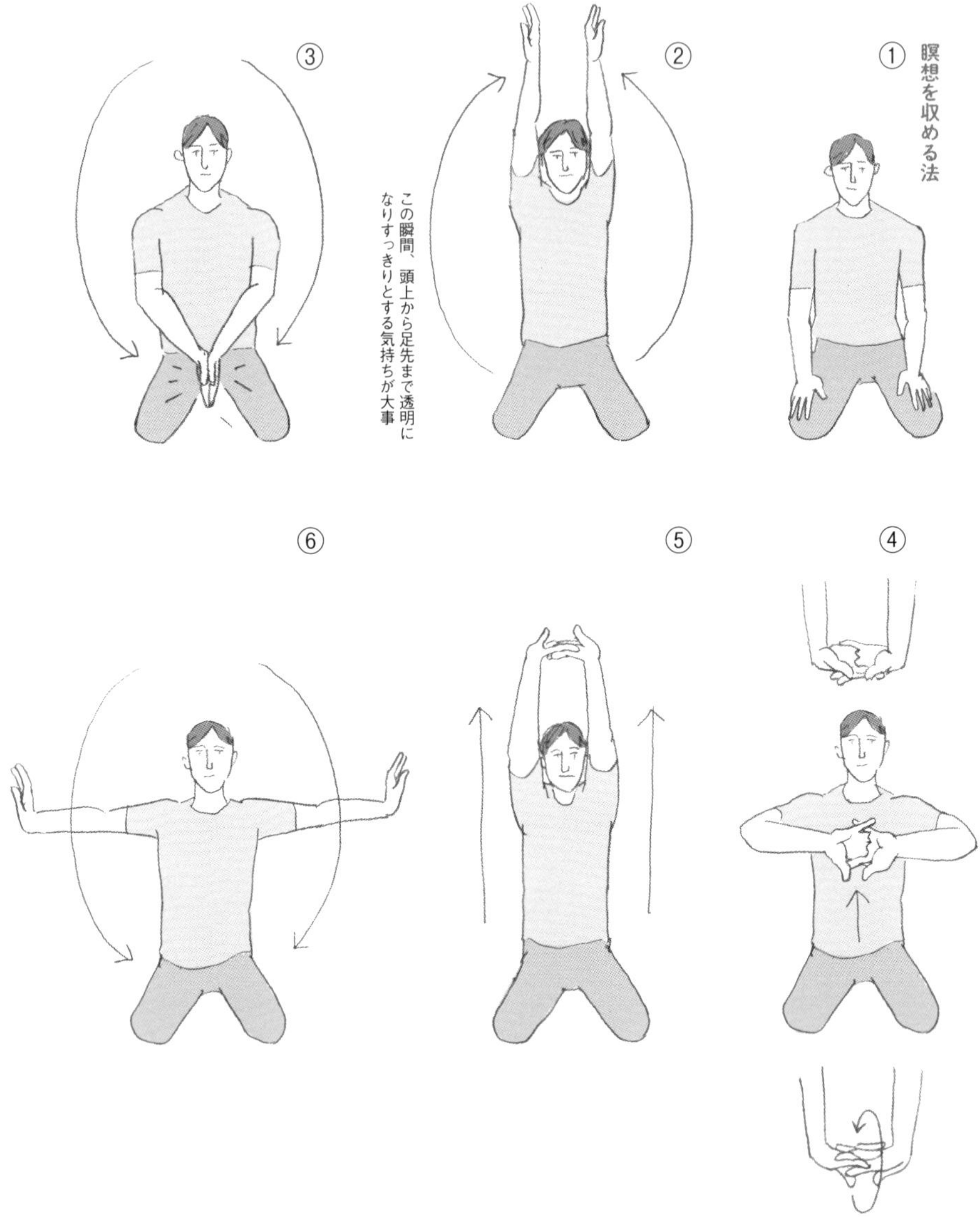

禅宗の僧の脳波測定を行い、精神状態と脳波の関連性について研究をされた※平井富雄《ひらいとみお》博士は、禅が精神の働きを大きく向上させることを認めると同時に、修行の過程において「禅病」についての注意を書かれています。病が起きる原因は、修行による疲労であると言います。特に、脳の疲労については、注意する必要があります。

また、瞑想によって生じる精神状態を、薬物で得ようとする方法は非常に危険であり、特に麻薬を用いることは、生命活動が破滅する危険があることも力説されています。

倍音瞑想※1

音声を用いる瞑想法として倍音瞑想があります。その契機は、ナポリで合気道を行っている道場に、※2ナムカイ・ノルブ師が来られ、チベット密教の指導を始められたことによります。その時に伝えられたチベット密教の瞑想法の中に倍音声明《しょうみょう》があり、イタリアの何か所かで行われていると聞きました。方法は参加者が輪になり、母音「うーおーあーえーいー」と発声し、会場の構造により倍音が発生します。これを全身に浴びる瞑想法です。

イタリア合気会では、一九七〇年代に入り「気の錬磨」を公式に行うようになりました。倍音瞑想は、多数の人が同時に発生し生じる倍音によって、心身に良い影響を及ぼす素晴らしい瞑想法です。もともとイタリア合気会では、呼吸合わせ、人の気合を聞く法、輪になっての坐禅、勘の稽古などを行っており、従ってこの倍音瞑想を行うと直ぐに親しむようにな

※ 平井富雄（1927〜1993）精神科医。脳波学的研究での先駆者。『禅と精神医学』ほか著書多数。

※1 倍音瞑想　イタリア合気会 Associazione di Cultura Tradizionale Giapponese <Aikikai D'Italia. Ente Morale DPR526 del 08/07/1978>は、政治活動、宗教活動は行わない規約になっている。このため倍音声明overtone chantingを倍音瞑想overtone meditationと呼んでいる。

※2 ナムカイ・ノルブ（1938〜2018）ゾクチェンのラマの転生者。1959年チベット動乱によりダライラマ法王と共にチベットを脱出し、世界各地にゾクチェンの教えを伝えた。

り、とても好まれています。イタリア人の気質に合ったようです。

日本では、山岡鉄舟の教えを継ぐ一九会道場（p.23）の禊では、多勢で発声する瞑想法が行われています。また、今日では東京の国立劇場等で、比叡山、高野山等の寺院の声明を聞く会が行われており、多くの人が毎回参加されています。

日本ではヨーガ行者の※3成《なる》瀬《せ》雅春《まさはる》師が倍音声明の会を設立し、洞窟や石切り場、大寺院等で倍音声明を行っており、合気道の会員も参加しています。

瞑想法と人間の心の働き

植芝盛平先生は、「相手が早ければ早いほど、ゆっくりと見える」と言われました。当然のこ

イタリア合気会講習会「倍音瞑想」（ラ・スペツィア）、著者が鈴で合図をする。2014年頃

※3 成瀬雅春（1946～）、ヨーガ行者。成瀬ヨーガグループ主宰。倍音声明協会会長。

とですが、先生が実際に体験されていたことです。

　瞑想法を行っていると、一般の日常生活では表れない、特殊な心身の働きが表れることがあります。滝行、断食行などの修行、武道、スポーツ、さらに工芸技術を一心に行うときにも表れるといいます。また、一般には、心身が突然危険な状態になった時（交通事故や階段から落ちる等）、同様の事が起きることは知られています。


[※1]「ボックスに入ったら全精神をボールに集中し、無我の境で相手投手に向えばボールは大きくみえるし、止まって見える、これでこそヒットが打てるのだ」というスポーツ新聞の記事が印象に残っています。早稲田大学の野球部初代主将だった橋戸《はしど》頑鉄《がんてつ》（橋戸信）の言葉ですが、打撃の神様と呼ばれた川上《かわかみ》哲治《てつはる》も「ボールが止まって見える」と言っています。スランプを脱出するために、ただひたすら打撃練習をしていたら、ボールが止まって見えるようになったというエピソードは有名です。

　時間、空間を拡大化して感じる心と、一瞬の機を捉える技術の粋を発揮出来る、いわゆる特別なコツ、呼吸を会得した人がどの分野にもおられます。熟練した技をそのままの早さ、正確さで行えるのは、動的瞑想法そのものだと思います。

イタリア合気会「気の錬磨」講習会（デセンツァーノ・デル・ガルダ 、ブレシア）、坐禅（瞑想）を行う。1974年

※1『日刊スポーツ』1951.1.17「精神の野球」文：八十川胖

米[※2]粒にいろは四十六文字を書く等の細字技術、米より小さい粟粒に狐を彫る等の細彫技術では、「感[※3]覚器官の力を極度に高めるとともに、運動器官の微妙な調節を可能ならしめる」ことがあってこその技術でしょう。

瞑想的な状態で物事を行うことによって生じる特殊な現象の中には、このように人間の心と時間空間には密接な関係があると思われる事柄が数多くあります。見える世界、人間の五感で捉えられる世界の法則だけを基準としている人から見れば、理解しがたいかもしれませんが、見える世界と見えない世界は一如、つまり一つなのです。芸術と心身を磨く瞑想は一体であり、先に述べた日本武術の開祖は、皆それを知り、探究した人であったと思います。

東と西の文明が互いに影響し合い進化していく時代が来つつあります。これから宇宙物理学、量子論、脳科学、医学などの研究がさらに進み、科学と瞑想法が共存発展してゆく、そのすがたをぜひこの目で見たいと思っております。

※2『東京日日新聞』1938.5.15

※3 出典：『続・勘の研究』「第八章　機」

（六章）

勘の稽古法

「気の錬磨」における勘の稽古

勘の稽古の始まり

　これから行うのは、心の働きを直接感じる「以心伝心」の稽古です。人間の心が持つ「直感の作用」を、「勘の訓練」として行います。この訓練法は、昭和二十五（一九五〇）年に天風先生に入門し学びを重ねたことを基本とし、気の錬磨、合気道の稽古中に感じたこと等を加えて行っています。ヨーロッパでは、この訓練法を講習会などで時間をかけて行い、訓練内容も膨大にあります。

　この、人間同士が直接一緒になって稽古を行うと、自然と大事な瞬間の「機※」を得る感じが増すように思えます。

訓練法の要点

「勘を発達させる稽古」とは、送り手となった者が行う思念（心像やイメージ、方向、動作等）を、取り手となった者が感じ取る心の感応の訓練です。「以心伝心、心が通う、心を合わせる、

cf.『合気道に活きる』p.211

※ 最も大切な一瞬の時と場を捉える、「機」を確実に得ること。この「機」については、黒田亮著『続・勘の研究』第八章に詳しい。

心を一つにする」などは、日本文化の根底にある「気」の働きです。

稽古での送り手は、テレビやラジオにたとえれば放送局にあたり、取り手は受信器にあたります。このような微妙な心の訓練は、稽古を行う人同士の協同の精神、互いの上達を願う友情、思いやりが大切で、それを望む者だけで行うのが原則です。一人では入りがたい心の状態に、人との融合によって知らず知らずのうちに入れることがあります。また勘の訓練には一※人で行う稽古もあります。明るく愉快に練習してください。

この稽古を通じていわゆる「気が通う感じ」、何となく彼我一体となる感じ、普段考えたのではわからない感じが自然と感じられるようになります。従い当たった当たらない等で一喜一憂するのは見当違いです。当たっても当たらなくても、のびのびと平静に行ってください。互いの気が合うようになると、その感じは体にも現れます。この訓練法は一種の「動く瞑想法」であり、武道、スポーツ、芸術の稽古にも有効な「勘の稽古」です。

稽古の心得

練習は方向を感じることから行います。生物にとって方向を感じ取ることは、生きて行く上で大事なことです。渡り鳥が毎年数千キロを集団で移動したり、伝書鳩や遠くに置き去られた犬が家に戻る等、動物の帰巣本能、方向を感じ取る能力はよく知られています。人類も原始的生活を行っていた時代は今よりも、もっと方向感覚が鋭くなければ生きてゆけなかっ

※たとえば、トランプを1枚抜いて、何のカードか当てる。また、電話がかかってきた時、誰からかを当てる等、日常生活でも工夫次第で行う方法はいろいろとある。

たでしょう。

心の感応が一般に難しいとされるのは、感じても、心に映像が自然と浮き出るのが難しいためと思われます。従って勘の稽古に入る手掛かりは、形のあるものではなく、全ての人が有している感覚、たとえば方向、色、味覚、音声などを感じる練習から入るのが、効果的であると思われます。

［注意点］

左記の稽古をよく行っていること。特に、**各稽古法のなかで注意した心の状態をよく理解すること。**

▼三章・四章・五章の稽古法を十分に行う。特に、六音の呼吸（p.104）をよく行う。

▼始める前、送り手と取り手で呼吸合わせ（p.111）を三回行う。

▼練習中は肩の力を抜き、歩く時も軽くリズムに乗り、目前の結果に囚われず、明るい雰囲気の中で、のびのびした気持ちで無邪気に行う。

▼練習を長時間行う時は、三〇分あるいは一時間単位で休息を入れる。

▼この練習で疲労を感じたら必ず休憩を取り、静かに収気の法（p.86）、基本の呼吸（p.88）、安定打坐（p.128）等を行う。

初めて行う場合

▼初心者は必ず取り手から始める。

▼初めての時は、送り手に複数の者がなる。

※送り手が複数の時は、一名の時よりも送られてくる力が強いということは、実際に練習を行えば、

すぐ感じることである。

［方法］

基本は、送り手が、取り手の背に手を当てる、あるいは手を握る等、互いの体を接した形で行う。人の心は、互いの体を接している方が通じやすいからで、この点、無線通信より有線通信の方がはっきり通じるのと類似している。

なお、送り手が複数の場合、思念（心像や方向等）を決める者を一人、指示者とする。

［送り手］

取り手の背中につけた手、腕に力を入れ過ぎてはいけない。取り手が背中を気にしないように、肩の力を抜きゆったりとした感じで掌をそっとつける。送り手が二人の場合、指示者が方向を示したら、二人が同時に強くその方向を意識、思念する。

●取り手が送り手の意識、思念方向と異なる方向へ動き出した時、声を掛けたり、取り手の体をグッと強く止めたりしないこと。この稽古を始めると、すぐに心が統一、瞑想の方向に向かうようになる。この時、声を掛けたり大きな力を体に与えたりすると、その状態がハッと冷めてしまう。取り手の状態を出来るだけ壊さないこと。送り手が静かに正しい方向を示すことによって取り手が向きを変えられるよう、稽古は送り手と取り手が一体となって行うことが大切である。

●意識、思念の方法は、左、右とただ一心に思うのが基本だが、さらに良いのは、取り手の体が左、右に向きを変える姿を心像に描く（映像やイメージを、瞼や眼底に描く）こと。これがはっきり描ければ描けるほど送る気がはっきりして、取る方も取りやすくなる。また上達するに従い、送り手の意識し思念することも複雑になり（たとえば人の動作、音声など）言葉では送りがたくなるので、心に映像を描く訓練が重要である。

●舌は、上の歯の付け根につけておくこと。熱心に意識、思念すると、知らず知らずの内に口の中でつぶやくことがあるので、それを防ぐためである。

●目は、取り手の後頭部に軽くつける。思念する時は呼吸を保息し、クンバハカ体勢（p.87）となる。「前進する」「左に曲がる」「右に曲がる」がおおよそ（六〇%ほど）取れるようになったら、「止まる」を加え、次に「左斜め前」「右斜め前」「左斜め後」「右斜め後」及び「回れ右をして後に戻る」等を加える。

〔取り手〕

●初めのうちは、目を軽く閉じて行っても良い。しかし練習の雰囲気に慣れたら、目を開けて行うこと。目は何気なく前を見る。遠くの山を見るような目付けとする。

●この練習は、方向を考えて選ぶのではなく、送り手の意識、思念を直接感じる稽古です。六音の呼吸の「無声無音、透明な呼吸」の状態、あるいは安定打坐の状態で行う。

●どんな具合に方向を感じるのか、言葉では言い表わしがたいが、強いて言うと「忘れていたことをフッと思い出すような感じ」に似ている。あるいは、なんとなくその方向に向かって歩きだしたくなると言ったらよいだろうか。このコツは人により多少の早い遅いはあるが、練習を続けているうちに感じるようになるので焦らずに行うこと。

●注意として、「読筋術」とは区別して行うこと。読筋術は人の身体的動作から読み取る方法である。たとえば、送り手が強く意識、思念すればするほど、掌にその思いが現れ、左右の方向に掌がグッと押し出されたり、その方向側の掌が熱くなったり、微妙な振動が感じられたりもする。掌などで互いの体を接して行うのは、基本練習の一つの形であって、やがて全く体を接しないで、離れて訓練しなければならない。つまり、送り手の掌の感じに気を取られないこと。さらに一歩進んで、互いの体が一つになった気持ちで行うことが大事である。

●ある方向を感じたら、はっきりとその方へ向きを変えて歩くこと。間違えることを恐れ、あるいは恥ずかしく思って迷うことが、進歩を妨げる一番大きな元である。

基本（一）-A　方向を感じる練習……三名一組

取り手一名、送り手二名で、三名一組となります。

①呼吸合わせ。取り手が前に立つ。送り手は並んで取り手の後ろに立ち、両手を上下させ、呼吸合わせを三回行う。

イタリア合気会「勘の稽古」の練習風景、中央道場（ローマ）、1986年8月

②送り手は取り手に近づき、それぞれの内側の掌を、取り手の背中、肩甲骨にそっとつける。この時、左側に立った送り手が方向指示者となる。指示者は空いている左手の人差し指と親指で、前、左、右、下（止まれ）を指し示すことになる。

③三名が揃って静かにゆっくりと歩きだす。送り手は、指示者が指し示す方向を共に強く思う。

（たとえば、右に曲がると強く思う、この時、クンバハカ体勢。さらに良いのは、取り手の体が右に向いた状態の心像を描くことである）。

④取り手は感じた方向に、静かに向きを変えて歩き続け、これを繰り返し行う。

⑤送り手は、取り手が思念する方向とは違う方向に向きを変え歩きだした時は、すぐに取り手の両肩に手を当てて静かに止め、両掌で丁寧に、取り手の両肩の脇に当て正しい方向に向きを変え、軽く取り手を押して歩きだし練習を続ける。

⑥一定時間行った後、取り手、送り手を交替して行う。交替する際は、呼吸合わせを三回行う。

この三名一組の練習で約六〇%の的中率となったら、次の基本（一）－Bに進みます。

基本（一）－B　方向を感じる練習……二名一組

以下の練習では、取り手と送り手各一名で一組を基本とします。

①取り手が前に、送り手は後ろに立ち、三回呼吸合わせを行う。

②－(イ)送り手は両掌を、取り手の肩甲骨につける。

(ロ)イの変型：送り手は片方の掌を、取り手の背中につける。
(ハ)イの変型：送り手が取り手の斜め後ろに立ち右手(左手)で、取り手の左手(右手)を軽く握る。
(ニ)三名以上が一組となって行う時は、イかロの形でムカデのように長くなり、最後尾の者が送り手となる。途中の者は、電線と同じで、何も考えないようにする。
③基本(一)-A④~⑥と同じ。

基本(一)-C 方向を感じる練習……接触を減らす

(一)-Bの練習で約六〇%方向を感じ取れるようになったら、送り手は掌でなく、人差し指、中指の二本をつけるようにします。次に人差し指だけで行います。これは、離れているのとほとんど同じです。

基本(一)-D 方向を感じる練習……間隔を開ける

①送り手は取り手の後ろ、一メートルほど離れて立つ。
②以下は基本(一)-A④~⑥に同じ。

二人一組で、「呼吸合わせ」を行ってから始める

「方向を感じる練習」

基本（一）-E　方向を感じる練習……間隔を広く開ける

方法は基本（一）-Dと同じです。慣れるに従い互いの間隔を三メートル、五メートル、真後ろに立たず、斜め後ろに立つなど、また取り手を回転させれば向かい合うようにもなります。こうなりますと、単に右左と意識するのでは稽古は出来なくなります。眼底等に心像、動作を描く稽古が大事となります。

［要点］

- 慣れるに従い、呼吸合わせを終え動き始める前に、送り手は現地点から最後にどこに着くかというプログラムをつくり、その通りに行うようにする。始めは曲がる方向（八方向）を簡単に組み合わせ、次第に複雑に多く曲がるように組み合わせる。時には一気に目的地に向かう稽古も入れる。終わった後でプログラムの全容を取り手に知らせる。
- 心像を描く稽古は、後述する【勘の問題】（p.158）を行う時に必要となる。練習中の感じをよく観察すると、感じてからその方向へ動く状態と、感じた時には体が自動的にそちらに向いている状態があることに気が付くと思う。

合気道の稽古のなかに組み込まれている「勘の稽古」

基本（二）-A　方向を感じ取る練習

基本（一）-A～Eまで、歩きながら感じる練習をしました。これも同じく方向を感じる稽古ですが、歩かずに六方向（左、右、前、後、上、下）を感じ取る練習です。送り手は、取り手の背中に掌を当てるか、左手で取り手の右手を、または右手で取り手の左手を握ります。

【練習法】

①送り手は「ハイ」と言い、六方向のうち一方向を強く思念する。あるいは、取り手の姿勢が思念する方向に向いた状態になった姿をイメージする。

②取り手は、感じた方向を人差し指、または親指で指す。この時、取り手がじっと立っていると集中しがたい時は、軽く足踏みしながら行う。

基本（二）-B　方向を感じ取る練習……間隔を開ける

（二）-Aと同じことを、取り手と送り手が離れて行います。

基本（三）-A　振り子を用いて行う練習

昔、彫金師等の細工師が内弟子を取るときに、この稽古で試験をしたという話があります。一人で基本練習が出来るようになったら、二人で組んでの練習に入ることが出来ます。すぐ出来る人と出来ない人とがありますが、練習す

糸を上からつまんで行う

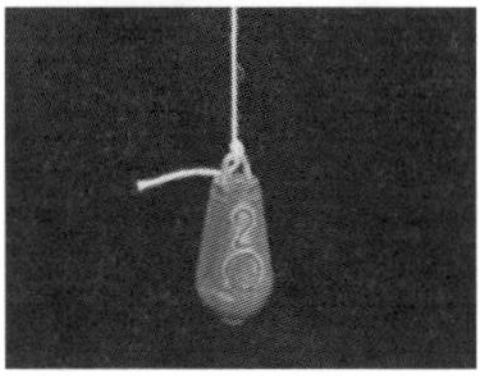

木綿糸をつけた錘

れば出来るようになります。

①釣りに使う小型の錘《おもり》（もしくは五円玉）に三〇センチほどの糸を結び、振り子をつくる。胸の高さで糸の端を、人差し指と親指で下向きに軽くつまみ、ぶら下げる。

②錘が右回り（時計回り）に回ると観念し、実際に右回りに回っている状態を想像してハッキリと描く。この時、回そうとして指先を意識的に動かしてはいけない。

③錘が時計回りに動いたら、左回り（反時計回り）、さらに錘がタテに動く様子を意識し錘がタテに動いている状態を想像して描く。これが出来たら、タテ、ヨコと連続して行う。これは右回りに動くと観念することで、指先に錘が右回りする微振動が生じるからである。

④振り子を持つ手を左右替えて行う。心に描いた通り、錘がすぐ動き出すまで練習する。

〔二人稽古〕

①取り手と送り手は並んで片手を握る。呼吸合わせを三回行う。

②取り手は軽く錘に目をとめる。

③送り手も取り手の錘を見てその錘が、右回り、左回り、タテ、止まる等の状態を意識し、そのように錘が動いたようにイメージする。

まず始めに、三人で「呼吸合わせ」を行う

④送り手がイメージした通りに動いたら「よし」、違ったら「イメージした形」を言い、また続ける。

［要点］

この練習によって、感じるのと同時に錘が動くように神経が反応するようになる。三人以上が組んで行う時は、手をつなぎ、最後の人が送り手となる。基本（一）-Eで述べたように、二通りの感じ方がある。

- 送られた回り方を取り手が感じてから、錘がそのように動き出す。
- 取り手が感じる前に錘が自然に動き出す。それによって送り手の意図がわかる。取り手の潜在意識が働くと思われる。

基本（三）-B 振り子を用いて行う練習……間隔を開ける

基本（三）-Aと同じです。

①送り手、取り手が並んで手を離して行う。
②送り手が選んで、右回り、左回り、タテ、ヨコ、止まれを連続して行う。
③振り子を持つ手を左右変えて行う。
④送り手、取り手を交替して行う。

慣れてきたら、このように手を離して行う

基本（四）-A　声を感じる練習

①送り手は、取り手の後ろに立ち両手または片手を背中につける、あるいは片手で取り手の手を握る。

②送り手は「あ、い、う、え、お、ん」のうち一つの音を選び「無声の声」を発する。

③取り手は、感じた「声（音）」を言う。送り手は合っていれば「はい」、違ったら無声の「発した声」を有声で発する。

基本（四）-B　声を感じる練習……間隔を開ける

基本（四）-Aと同じです。

①取り手が立ち、その後ろ三メートルに送り手が立つ。

②送り手は六音「あ、い、う、え、お、ん」のうち一つの音を選び「無声の声」を発する。

③取り手は、感じた「声（音）」を言う。送り手は合っていれば「はい」、違ったら無声の「発した声」を有声で発する。

基本（五）-A　座って方向を感じ取る練習

①取り手は座る。送り手は後ろに立ち、片掌を軽く取り手の頭につける。三回呼吸合わせをする。

②送り手は「左、右、上、下」を意識し思念する。

③取り手は感じた方向に顔を向ける。

④合っていれば「はい」、違っていたら正確な方向を教える。

基本（五）-B　坐って方向を感じ取る練習……接触を減らす

①（五）-Aと同じだが、送り手は、人差し指と中指の二本を、取り手の頭につけて方向を思念する。

②これが約六〇％の的中率になったら、送り手は掌を、取り手の頭から五～一〇センチほど離して行う。

基本（六）-A　色紙を用いる練習

赤、白、黄、青、緑、黒の色紙（一〇センチ角程度の大きさでよい）を用意します。色紙は、質のよい和紙で色がはっきりしているものを選びます。

①取り手、送り手とも並んで座る。送り手は片手で、取り手の手を軽く握る。

②呼吸合わせ。取り手の前に色紙を並べておく。

③送り手は一つの色を選びその色を眼底に描く。あるいは、その色と一体になった、とけ込んだ気持ちになる。そして「はい」と言う。慣れるに従って無言で行うようにする。

④取り手は感じた色を言う。合っていれば「よし」。違ったときは色を言う。

五人で色当てを行う。6色の色紙である

基本（六）-Ｂ　色紙を用いる練習……間隔を開ける

基本（六）-Aと同じです。手を握らずに離れて行います。取り手、送り手の前に、同じように色紙を並べます。この色紙を使う練習は人間の動作、動き、感じと異なるので、送り手が色と同化する感じが必要となります。

基本（七）-Ａ　小物を選ぶ練習

片手で扱えるぐらいの小物、たとえば、腕時計、ペン、財布、メガネなどを数個用意します。

①取り手、送り手とも並んで座る。送り手は、片手で取り手の手を軽く握る。呼吸合わせを三回する。

②用意した小物を取り手の前に並べておく。送り手はその中の一つを選び、その物の形、感じを思念する。

③取り手は、端から一つずつ軽く持ち上げてみる。送り手は自分が選んだ物の時、「ソレだっ」と思念する、あるいは心像を描く。

④取り手は感じた物を言う（感じ方：重く感じるなど）。送り手は、合っていれば「よし」。違った時は、選んだ物を言う。

基本（七）-Ｂ　小物を選ぶ練習……間隔を開ける

基本（七）-Aと同じです。手を離して行います。取り手が一つずつ持ち上げずに、すぐに答えます。

基本（八）-A　人を選ぶ練習

数人が並びます。立っていても座っていてもよいです。

①送り手は並んだ人の中から一人を選ぶ。

②送り手は取り手の片手を握る。

③取り手は端から並んだ人の体に手を触れていく。あるいは片手を持ち上げる。送り手は選んだ人の時、「ソレダ」と思う。

④取り手はこの人と感じた者を言う。あるいは立たせるか、前に出す。合っていれば「はい」、違っていたら選んだ者を教える。

基本（八）-B　人を選ぶ練習……間隔を開ける

基本（八）-Aと同じことを、送り手と取り手が、手を結ばずに離れて行います。

基本（九）-A　動作を行わせる練習

基本（八）-Aと同じですが、並んだ人の中から取り手が選んだ人に、いろいろな動作を行わせます。

【勘の問題】 ※一例です。

この問題は送り手だけが知っています。数人が並びます（立っても座っていてもよい）。「取り手にX君を選ばせ、会場中央に連れ出し、正面を向いて座らせ、お辞儀をしてもらう」問題です。

［方法］

①送り手、取り手、呼吸合わせを三回行う。

②送り手が取り手の片手を軽く握る。（思念、イメージで）取り手をグループに近づけ、X君を選ぶようにする。

③取り手は、口頭でX君を選び出す。

④送り手は（思念・心像・イメージで）取り手にX君を場所中央に連れて行くようにする。

⑤取り手は、X君の手を取り会場中央に連れて行く。

⑥送り手は（思念・心像・イメージで）取り手にX君を正面に向いて座らせ、お辞儀をするように求める。

⑦取り手は、X君に（口頭で）「正面に向いて座ってください。お辞儀をしてください」と言う。

基本（九）-B　動作を行わせる練習……間隔を開ける

基本（九）-A【勘の問題】に慣れたら、送り手が取り手から少し離れて後方に立ち、行います。この先は（九）-Bを変化させて【勘の問題】を行います。

【勘の問題】の問題例……選ぶ人を二人、三人と増やす

●二人が向かい合わせに座り、お辞儀をする。　●二人が向かい合わせに立ち、握手をする。

●二人が向かい合わせに立ち、笑う。　●三人が、丸く輪になり呼吸合わせを行う。

【勘の問題】の対象例

送り手は（思念で）人・問題を取り手に送り、取り手は（口頭で）選んだ者に○○○を行ってもらう／当ててもらう／用意した小物から選んでもらう。

•人の動作：立つ、座る、腰掛ける、寝る、走る、歩くなど

•体感：軽い、重い、気持ちよい、くすぐったいなど／•味：甘い、辛い、酸っぱいなど

•音声：六音の無声または有声（声を出す時は送り手は離れた所で）

•文字：ひらがな、漢字、アルファベット

•取り手の体の部分：頭、のど、肩、腹、腰、膝など

•将棋やチェスの駒、トランプの札など／•子供と行う時：アニメの主人公など

アニメ、漫画は見る者の心に理屈抜きで入るため、心像・イメージを描きやすい。このため、イメージを描く稽古に適しています。特に明るく朗らかなアニメの主人公、キャラクターが良いです。例：アンパンマン、ドラえもん等。

題材は無数にあります。ただし、題材にするものは、気持ちのよいもの、陽気なもの、互いに見慣れたもの、子供の場合は子供の興味があるものを選んで行います。

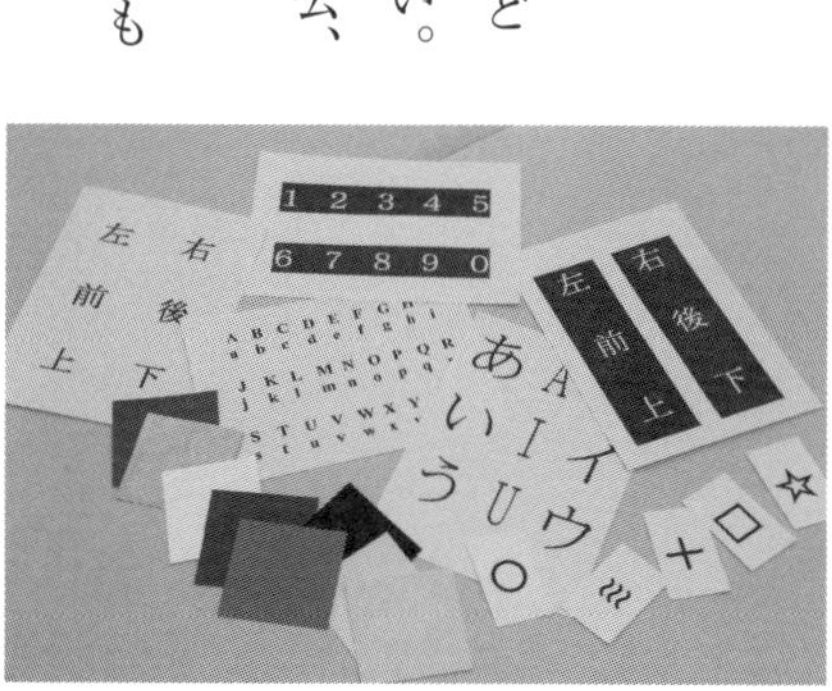

イタリア合気会の「気の錬磨」講習会等で実際に使われた文字やカード、色紙

イタリアでの「勘の稽古」

グループで行う勘のゲーム大会

イタリア合気会で行っていた、月曜から土曜までの「気の錬磨」講習会では、金曜に、私が送り手となり、全員が取り手となって六方向、または六色の内一つを当てるのを、三六回行う会を行っていました。もちろん始めから終わりまで、「常に六分の一」です。これは皆の楽しみのために行うもので、テストではありません。

夏の国際講習会には、イタリアの他ヨーロッパ、アメリカ、日本、中近東、ロシアなど世界各地から参加者があるので使用する言語も、日本語、イタリア語、英語、フランス語、ドイツ語と決めていました。会場では、全員が任意に正面に向いて座り、送り手である私は、離れた後ろに座ります。参加する会員数はその年によって異なりますが一二〇名から一五〇名ほどです。会場が広いため、マイクとスピーカーが必要となります。

全員に、鉛筆と、一から三六まで番号が振られ、枠で仕切られた紙が渡され、年月日、氏名を書き込みます。初めてこの会に参加した者のため、各言語で説明がされます。

［方法］※送り手は方向が書かれたカード六枚を、二〇秒かけてよく切り伏せておく。

① 全員で呼吸合わせ。

② 「これから始めます。ヌーメロ　ウーノ（一番）」と言い、大きい鈴《りん》を鳴らす。鈴が鳴る時、伏せておいたカードをめくって送る方向が定まる。

③ 「送り手」は、カードの示す方向へ全員が向く姿を心像で描く。

④ 鈴の音を約七秒で止める。「取り手」はこの瞬間感じた方向を紙に文字で記入する。

⑤ 全く感じないか、わからない時は斜線を引く。

⑥ 「送り手」は鈴が鳴り終わった後も、一〇秒間は心像を描き続ける。

⑦ 記入を終えたら、すぐ次のため静かに黙想に入る。このように一分の間隔で三六回続ける。

終了後、記入された用紙を集めて採点し、翌日結果発表をする。なお、少年少女の部では、三六回は長すぎるので短くして行う。

大会結果について

当たる回数は四、五、六、七、八、九回というのが一番多いグループで、一〇、一一、一二、一三回が少人数います。一〇点以上の回答者には簡単な賞品（半紙に書いた日本語標語等）を授与します。

今から半世紀ほども前、この会をローマのイタリア合気会中央道場で始めて間もなくの頃、L夫人が私のところへ来て言いました。「マエストロ（先生）、いつも素敵なお稽古をありがとうございます。私、気の錬磨が大好きです。だけど今度の会はがっかりしました。だって三〇回ぐらいは当たると思ったのに、たった七回しか当たらなかったのですもの」。私は「七回当たってよかったですね」と応えた記憶があります。L夫人はその後も熱心に稽古を続け、合気道も彼女らしい穏やかながら凛とした稽古を行い、皆から尊敬されていました。

新型コロナウイルスの世界的な感染拡大により二〇二〇年から講習会が中止となるまでのイタリア合気会「気の錬磨」の会（ラスペチア）での最高点は、四十代のイタリア婦人による二二回です。

毎回確率六分の一を、三六回行い、二二回当たるということは、確率では、四億四千五百十四万八千三百三十分の一です。彼女はイタリア合気会の会員ではなく、「気の錬磨」を会員の紹介で知り、呼吸法と瞑想を行いに来ており、常に瞑想をしているというタイプの方でした。

ちなみに、L夫人が希望した三六回中三〇回当たったとすると確率は338,908,459,991,310,000分の1です。都度、精密な記録は取ってきていませんが、長年開催してきた「気の錬磨」の会の楽しみな行事の一つとして行っています。

今日のようにあらゆる電気通信機器、ＡＩ等が発達した時代なら、送り手、取り手が別室にいて行うなど、連絡を取る方法は、工夫次第でいくらでも新しい方法があると思います。ものごとは、その目的、訓練の法則と手順を確定することによって、その全容がはっきりします。この訓練法の基本をしっかり行い、さらなる行動的実践も丁寧に行うことによって、上等な瞑想法ともなります。

〔七章〕

日常の稽古

呼吸と共に体を錬る

一人マッサージ

呼吸をしながら、体の各部分をよく感じることが大事です。一切のネガティブなものを流し出す気持ちで、悠々と行います。無理をしないように、体を柔らかく使って丁寧に行うことです。

[方法]

●正坐か、椅子に座って行う。叩く時は手首を柔らかく使い、ごく軽く、揉む時もやさしく行う。

●（一）腕から（七）足まで行ったら、最後に、瞑想を収める法（p.135）を座ったままで行う。

（一）腕

①右手を握り、左腕の付け根から手首まで指圧し腕全体を広げるように揉む。

②左腕をだらりと垂らしてから右手で左腕を軽く叩き、掌と指で揉む。

③五本の指を一本ずつ親指と人差し指ではさんで揉む。

（一）①

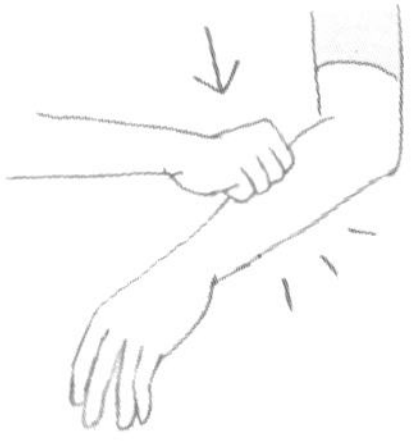

軽くやさしく行う

④左腕を軽く上げ、水を切るように振り下ろす。

⑤次に、左手を握り右腕で行う。

（二）肩

①右手を軽く握り、左手で肘を支え左肩を軽く叩く。

②同じように右肩を行う。

（三）頭部

①軽く手を握り、左右の後頭部の首の付け根から、頭頂部を通り眉毛までの線をごく軽く叩く。

②両手で軽く頭の周囲全体を叩く。

③左手拳の親指と人差し指の間で上丹田を軽く七回叩く。右手でも行う。

④両手人差し指と中指の先で、こめかみを揉むように指圧し、同じように両眼、鼻の両脇を行う。

⑤両手人差し指の腹で、鼻の下（上歯茎）上顎（下歯茎）を揉む。

⑥指と掌で額、頬を軽くマッサージする。

⑦両手親指で、盆の窪（後頭部、首中央のくぼんだところ）を圧す。

⑧人差し指と中指で耳たぶを挟み揉む。

⑨両手親指と人差し指で耳を上下に軽くひっぱり揉む。

⑩両手人差し指を耳の穴に差し込みポンと抜く。三回行う。

⑪両掌で耳を軽く圧迫し離し、三回目に掌で耳を圧迫したまま、目を閉じ、親指以外の四本指の先で後頭部を軽く数回叩く。叩き終わったら両手を頭上高く上げ、上を見て、息を吐きながら両脇から下ろす。

（四）首部

①右手刀《しゅとう》の人差し指側で左首筋とのどをごく軽く叩く。

②左手でも行う。

（五）胴体

①拳で軽く胸から腹までを叩く。拳の裏（手の甲、指の付け根部）で背骨の両脇を叩き、揉み、さらに手を広げ親指の腹で上から下へ順に指圧する。

①両掌で両脇、胸、腹を摩擦マッサージする。腹は上から見て時計回りに行う。

（六）腰と脚

①両拳で腰と脚をまんべんなく叩き、掌でマッサージし、親指で三里（膝頭の下の外側、少しくぼんだ部分）と、すねの骨の両脇を指圧する。

(七) 足

①左足を腿の上に載せ足首を回す。
②左足の土踏まずを中心とした全面を拳で叩き、小指から一本ずつ指を回して揉む。
③親指で土踏まずを指圧し、踵の両脇を揉む。
④足首の少し上を両手で持ち、足を振る。
⑤踵を持って脚を伸ばし、ゆっくり下ろす。右足も同様に行う。

(七) ①

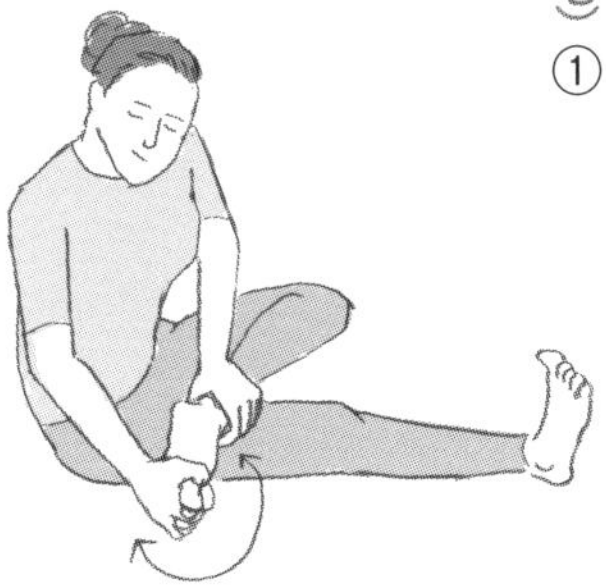

④

⑤

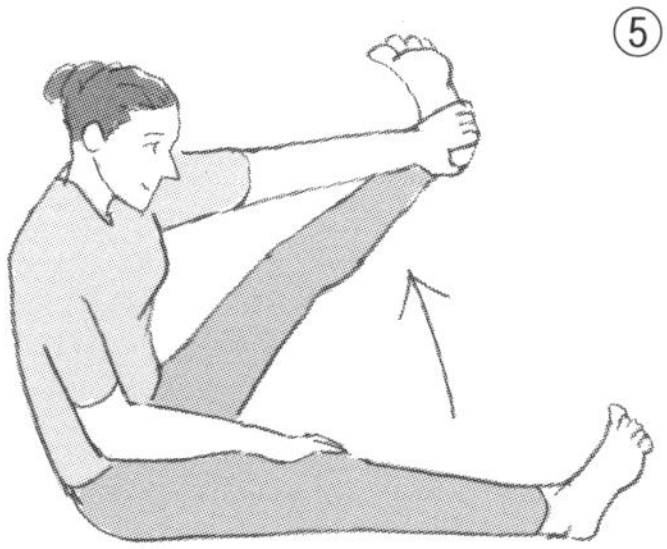

呼吸と共に体操

この体操も、呼吸をしながら宇宙の元気を受け入れ、体の各部分をよく感じながら行ってください。無理をしないよう、肩の力は抜いて、出来る範囲でゆっくり丁寧に行うこと。

(一) 脚を伸ばす

❶

① 正面を向いて両脚を左右に大きく開いて立ち、鼻から息を吸う。
② 息を吐きながら右膝を曲げて腰を落とし、尻を床すれすれまで下げる。左足の爪先を立て右足の踵は上げない。
③ 上体は左膝の方に傾け、そのままの姿勢で数呼吸する。
④ 息を吸いながら元の姿勢に戻る。
⑤ 右足も同様に行う。

❷

① 両脚を前後に大きく開いて立ち、鼻から息を吸う。
② 上体を真直ぐ伸ばして正面を向いたまま、右膝を曲げて腰を深く落とし息を吐く。
③ 左膝は伸ばしたまま、左足の内側を床につける。
④ そのままで上体を右に回し、数呼吸する。
⑤ 息を吸いながら元の姿勢に戻る。

(一)❶-②

片方の足は、足裏全体を床につける

(一)❷-②

膝は床につけないように

⑥右足も同様に行う。

❸

①両脚を前後に大きく開いて立ち、鼻から息を吸う。

②上体を真直ぐ伸ばして正面を向いたまま、右膝を曲げて腰を深く落とし息を吐く。

③左足の指をしっかりと曲げて、足の指の腹を床につけ、左膝を床すれすれまで下げる。息を吐く。

④そのままの姿勢で数呼吸する。

⑤息を吸いながら戻り、左足も同様に行う。

⑥次に、①~⑤と同じだが、左足の甲を床につけて行う。

⑦左足も同様に行う。

（二）腰を落とす

①両脚を左右に大きく開いて息を吸い、上体を真直ぐにしたまま、息を吐きながら腰を落とす。

②そのままの姿勢で数呼吸する。

③両手を膝に置き、上体を左右に捻り腰を入れる。

④息を吸いながら元に戻る。

（二）①

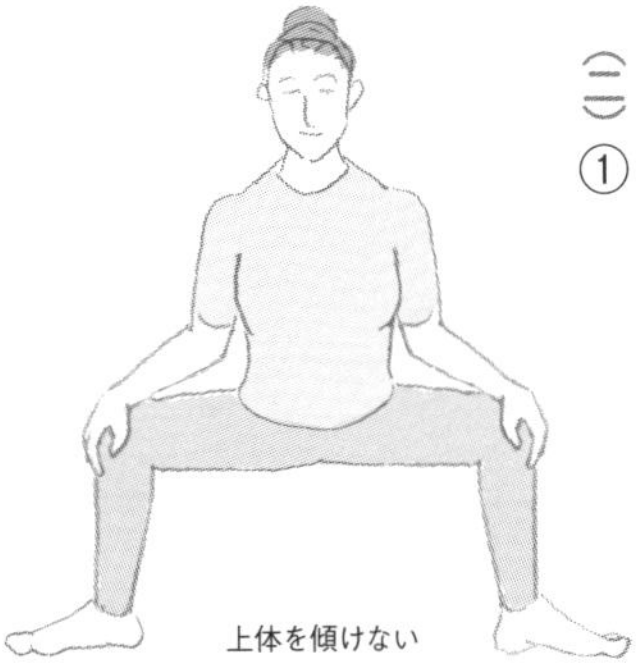

上体を傾けない

（一）❸-③

膝は床につけないように

（三）爪先を曲げる

①閉足立ち（p.67）で足をハの字に開いて立つ。

②左の足首を返して爪先を曲げ、息を吐きながら爪先に体重をゆっくり掛ける。

③右足も同様に行う。

（四）膝を回す

①閉足立ちとなり、両膝を曲げ、両手を膝上に当てる。

②呼吸のリズムに合わせて、膝を軽く右回し、左回しする。

（五）腰を回す

①閉足立ちで両手を腰に当てる。

②呼吸のリズムに合わせ、腰を右回し、左回しする。

（六）背筋と脚を伸ばす

①閉足立ちで息を吸いながら、両手を上に伸ばし天井を見る。

②静かに息を吐きながら、膝を伸ばしたまま上体を前に倒し、

（三）②

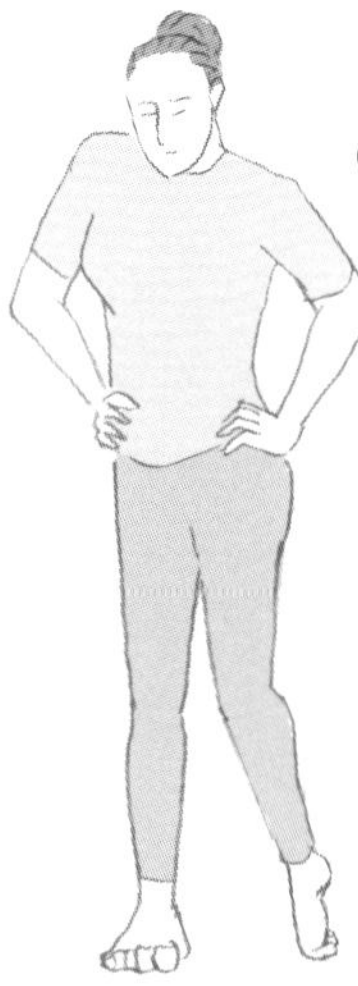

（四）②

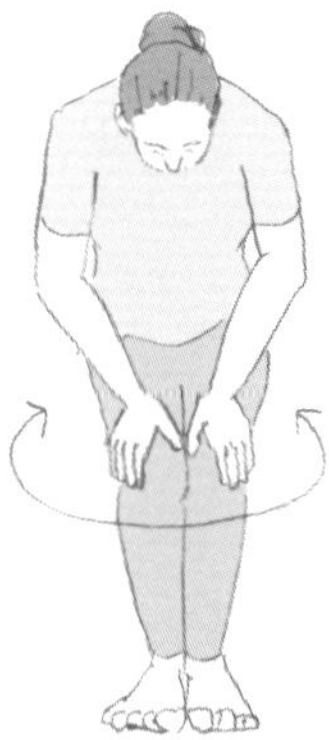

（五）①

下がるところまで下げる。出来る人は両手を爪先の前につける。そのままの姿勢で数回呼吸する。

③両手を床から離し、息を吸いながら元に戻り、繰り返す。

（七）脚を開いて体を前後に倒す

①両脚を大きく開いて立ち、息を吸いながら両手を上に上げ後ろに反る。

②息を吐きながら体を前に倒し、出来る人は両手を床につける。そのままの姿勢で数呼吸する。

③息を吸いながら元の姿勢に戻る。

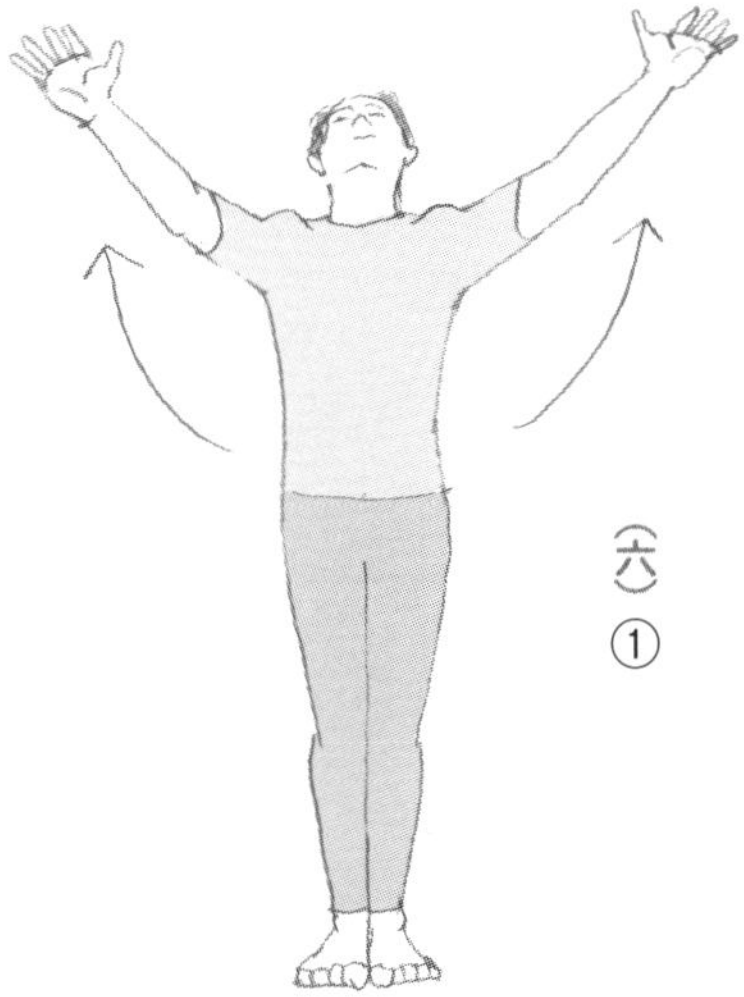

（六）①

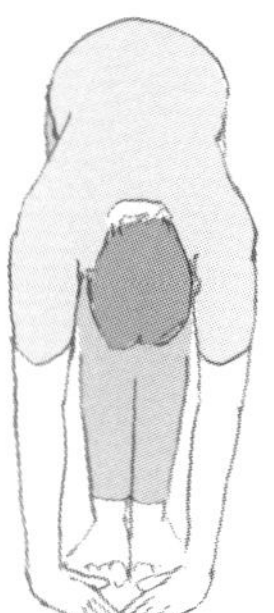

（六）②

（七）①

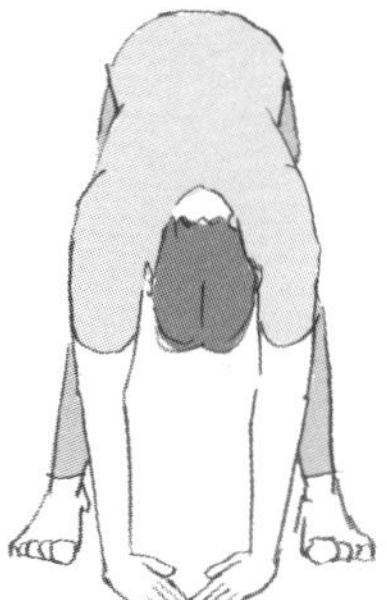

（七）②

（八）体を左右に回す

①両脚を開いて立ち、両手と体を左右に数回、回す。

②そのまま体を左に回し、両手を出来る限り左に回し、その姿勢で二、三呼吸する。

③右も同様に行う。

（九）体を左右に倒す

①両脚を開き上半身を正面に向けたまま、息を吐きながら静かに右に倒す。右手は脚に沿って下へ、左手は頭の上に当て、指先を下に向ける。

②上体を倒したまま、二、三呼吸する。

③息を吸いながら元に戻り、左も同様に行う。

（十）体を捻る

①両脚を開いたまま、息を吸いながら両手を上げ、天井を見る。

②息を吐きながら、膝を曲げないように体を前に倒し、右掌を左足の外側の床につけ、左手を上に伸ばし、天井を見たままで数呼吸する。

（八）①

（九）①

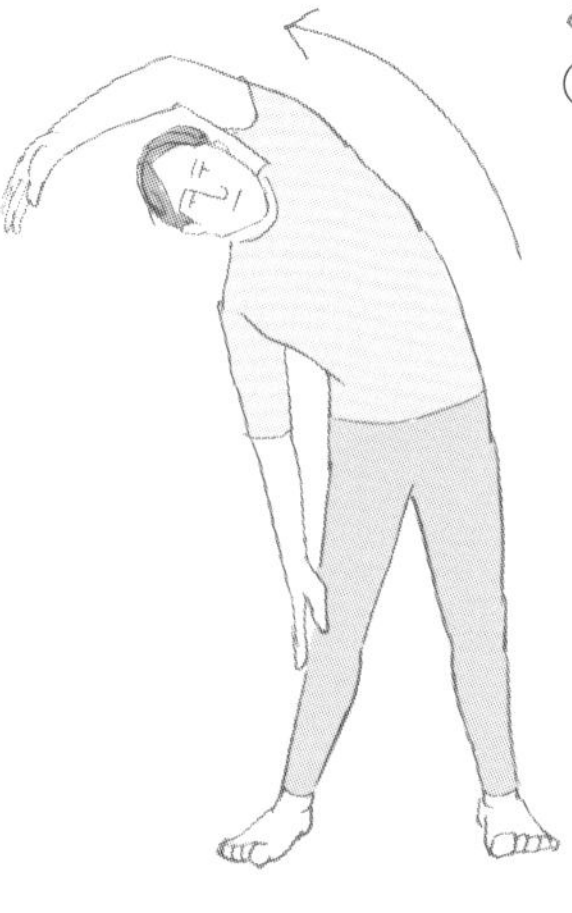

③息を吸いながら元の姿勢に戻る。息を吐き、①に戻り、②からを反対の手で行う。

（十）①

天の気と地の気を両手でつなぐ気持ちで行う

②

（十一）上体を回す

①（十）①から両手指先、肘を伸ばし、上体と共に大きく左回り、右回りする。

②上体を反る時に息を吸い、前に倒すとき吐く。

（十一）①

（十二）腕、肩を回す

指を軽く握り、両肘も軽く曲げて前に出す。

①肘を大きく数回、後ろ回し前回しを数回行う。

②腕を左右に伸ばし、外回し内回しを数回行う。

③右腕を前、左腕を後に伸ばす。右腕を下から前回しして同時に左腕を上から後ろ回しする。数回行い、左右を替えて行う。

（十三）首を動かす

①両手を腰に取り、首を前後に、しっかり数回曲げる。曲げる時に息を吐き、戻す時に吸う。

②顔を左右に数回、ゆっくり向ける。

③顔を左右に数回、ゆっくり傾ける。

④数回丁寧に、右回り、次に左回りさせる。

（十四）肘、肩、手首を曲げ捻る

①左手親指を中にして手を握り、手首を反らし腕を伸ばす。右掌を肘に当てる。

（十二）①　②

呼吸は腕のリズムに合わせればよい

（十三）①　②　③

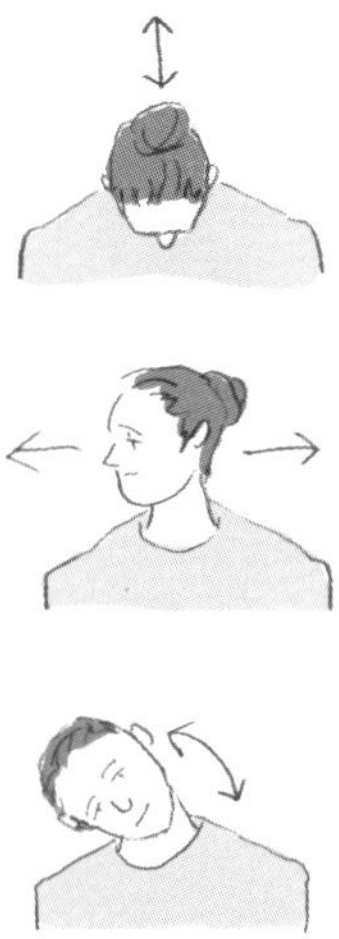

目は開けたまま、やさしく行う

②息を吐きつつ、手首を内側に曲げながら肘を曲げ、拳を肩先につける。

③腕を伸ばしながら息を吸い拳を反らす。数回繰り返す。

④左肘を軽く曲げ、拳を右回り（時計回り）、左回り（反時計回り）させる。数回行う。

⑤右手を左手首に当て外側に押し込む。

⑥拳を握ったまま横に伸ばし、肩から前回しして捻り、顔は右を向く。

⑦次に後ろ回しして、肘と肩も捻る。

⑧右手でも①～⑦を行う。

⑨両手を左右に伸ばし、体を前に倒しながら、両腕を前回し、肘と肩も捻る。後ろ回ししながら、元の姿勢に戻る。

⑩交互に、両腕を左右に、腕の先から肘と肩を捻る。

（十四）

①②③

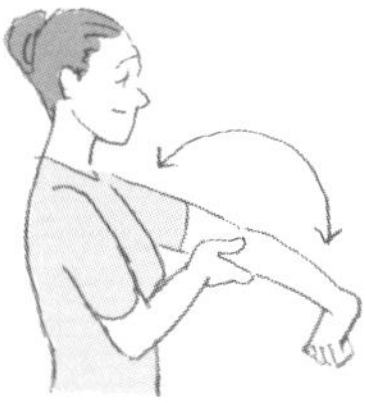

④

⑤

⑥

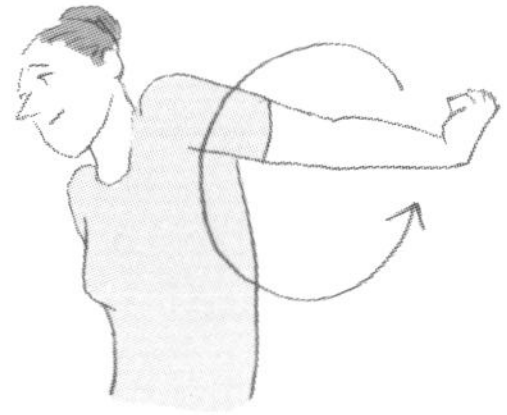

前回しで息を吐き、後回しで吸う

⑦

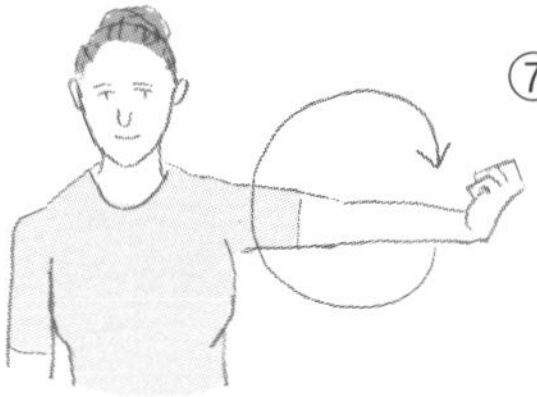

⑨

⑩

（十五）手首を鍛える

基本的な合気道の技ですが、手首を鍛えるのに役立つので紹介します。

①合気道技「二教《にきょう》」の動き。左肘と左手首を曲げ、胸の前で右手を左手の甲に当てて握り締め、両脇をしっかりと締め、左手首を曲げる。七回行い、右手も行う。

②合気道技「小手《こて》返《がえ》し」の動き。左の手指を伸ばし掌を上にして肘を軽く曲げ、胸の前で右手親指を左手薬指の付け根に当て、小指を手首関節に当てて握る。右掌と左手の甲が密着していること。右手小指を締めながら、剣を切り下ろすように下に強く下げる。右手も行う。

③合気道技「三教《さんきょう》」の動き。左手指先を伸ばし、手の甲を手前（自分の側）に向け、肘を曲げる。右手首を曲げ掌を左手指の腹に当てて握り、右回りに捻り上げる。数回繰り返し、右手も行う。

（十六）全身に振動を与える

①目付けは一点に据える。鼻から息を吸い、鼻から吐きながら、両手をだらりと下げ、手首、肘、肩を振るように左右に回す。

（十五）①　②　③

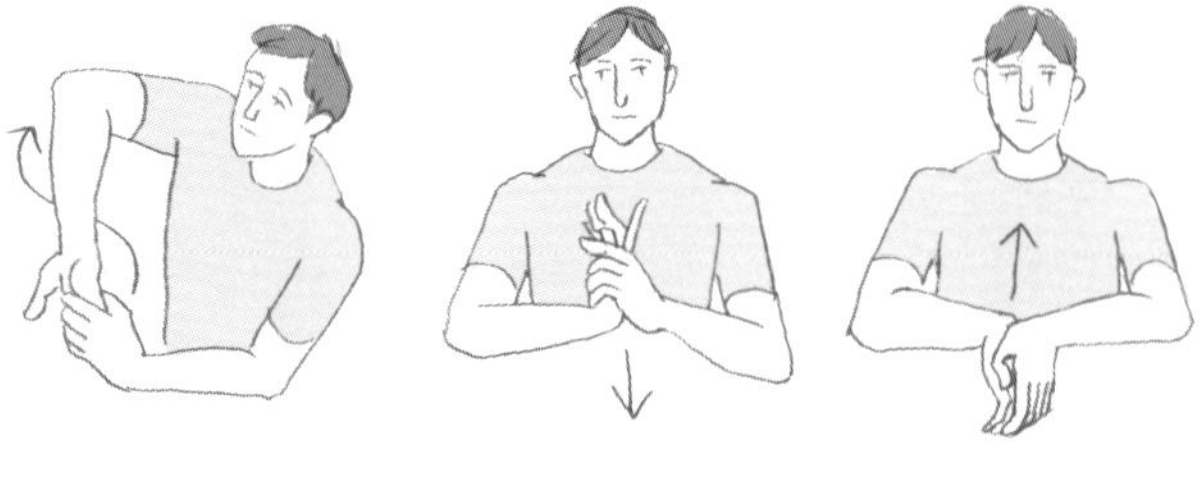

（十六）②

②肛門を軽く締め、下丹田を中心として全身を振動させ、手首を回転させて振る。

（十七）指に気を通す

①左手を胸の前に立て、右手親指の腹で小指から一本ずつ付け根から指先までを摺り上げる。

②右手も行う。

（十七）①

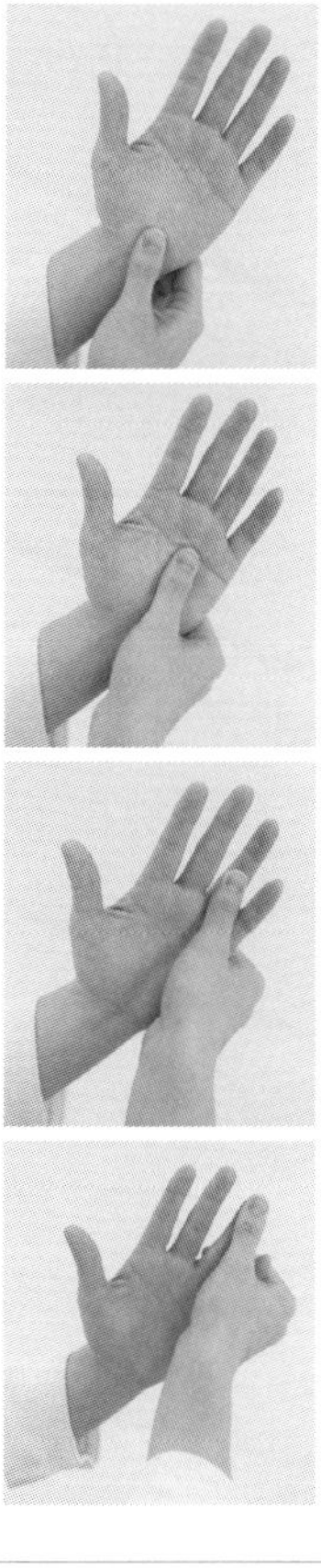

（十八）納め

「瞑想を収める法」（p.135）と同じです。

①息を吸いながら両腕を上に伸ばし手の甲を合わせる。息を勢いよく吐きながら両手を横から振り下ろし、両掌を合わせて叩く。この瞬間、頭上から足先まで透明になりすっきりとする気持ちが大事。

②息を吸いながら、両手を合わせたまま上げ、指を組みながら下ろし、腕を伸ばし、息を止める。

③保息したまま、組んだ両手を伸ばして掌を突き出し、前から頭上に上げ、両手を勢いよく左右に分けて下ろしながら息を吐く。

（十九）呼吸と共に柔軟体操

床に腰を下ろします。

❶ 前に柔軟体操

①両脚をそろえて伸ばす。

②息を吸い、吐きながら上体を前に倒し、両手で足の先を握る。そのままの姿勢で数回呼吸する。

③息を吸いながら元に戻り、繰り返す。

❷ 開脚して柔軟体操

①両脚を開き、息を吐きながら上体を左に倒し、胸を左膝につける。数回呼吸する。右も行う。

②上体を前に向けたまま左に倒し、左手は左に伸ばし、右手は頭上から左に伸ばす。右も行う。

③息を吐き、上体を真直ぐにしたまま中央に倒し、両手を出来る限り遠く

（十九）❶-②

（十九）❷-①

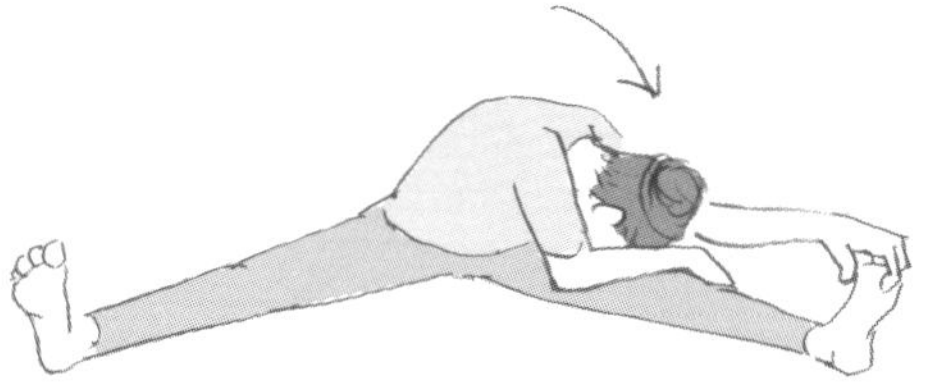

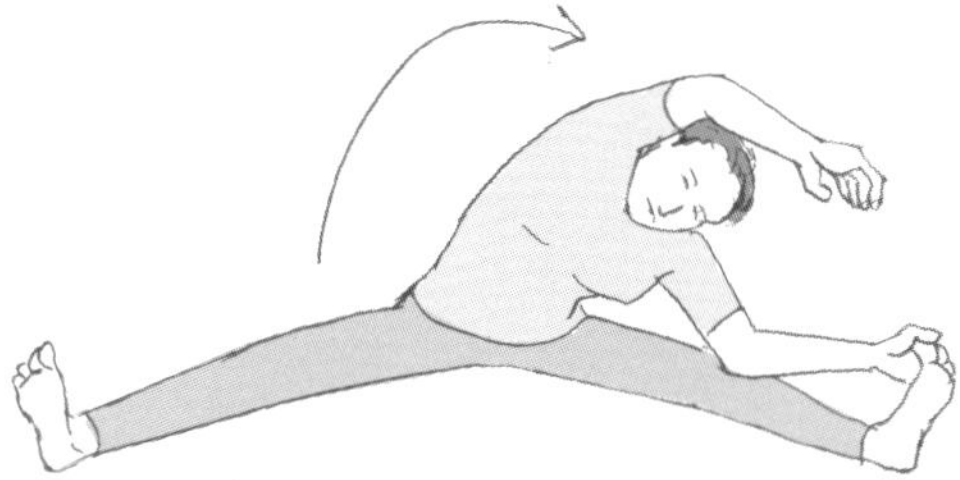

（十九）❸-②

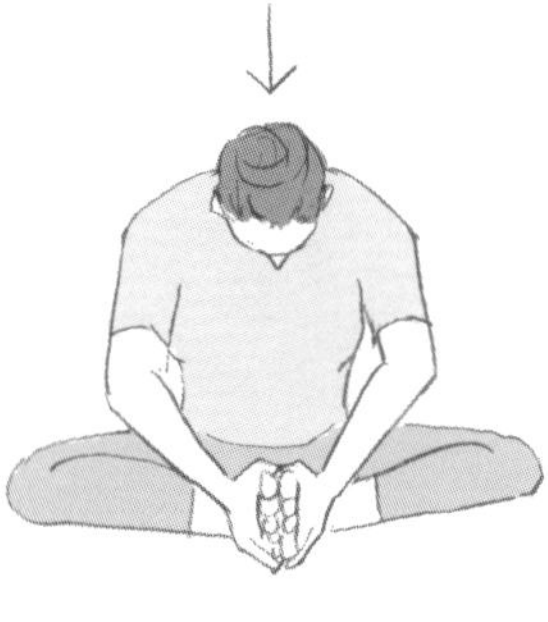

に伸ばし、顎を床につける。数回呼吸する。

❸ 足を合わせて柔軟体操

① 両足の裏を合わせ、引き寄せた外腿を床につける。

② 息を吐きながら、上体を前に倒す。そのままで数回呼吸する。

（二十）肩・背を伸ばし脊髄の呼吸

① 正坐の姿勢から、腕を伸ばしながら前へ上半身を倒す。息を吐きながら、肩を入れる。

② うつ伏せになり、両手を顔のわきに置く。

③ 静かに息を吐きながら元に戻る。繰り返す。

（二十一）体を後ろに倒す

① 正坐となり、両足を少し広げ、尻を床に下ろし上体をゆっくり後ろに倒す。両膝は上がらない方が良い。慣れるに従い両膝をつける。

② 両腕は伸ばして頭上の床につける。このままの姿勢で数回呼吸する。

（二十）①

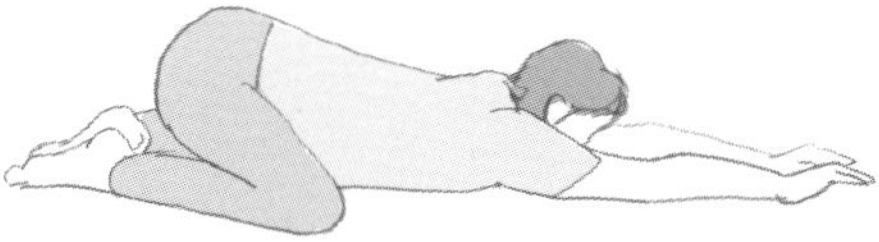

②

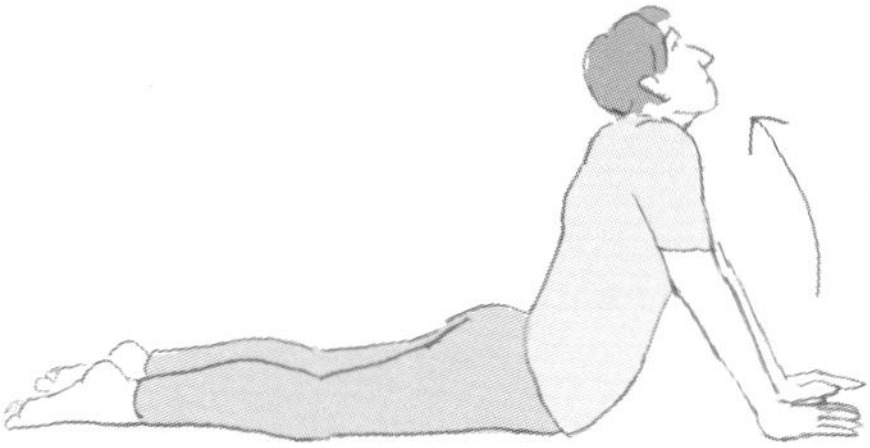

（二十二）脚の交差

①仰向けに寝る。両足をそろえて伸ばし、両腕は横に広げる。
②息を吸いながら左脚を立て、息を吐きながら右に倒し床につけ、顔を左に向ける。その姿勢のまま、数回呼吸をする。
③息を吸いながら脚を立て、息を吐きながら元に戻す。
④次に右足を行う。数回繰り返す。

（二十三）両脚を頭の上に上げる

①仰向けに寝る。両脚を伸ばし、両手は掌を下にして伸ばし両脇につける。
②大きく息を吸い、息を吐きながら両脚を伸ばしたまま静かに上げ、頭を越えて（出来る人は）爪先を床につける。そのままの姿勢で数回呼吸をする。
③両脚をゆっくり元に戻し、息を吸う。

頭の呼吸

一日のうち、いつ行ってもよく、頭が疲れたと感じた時に行

（二十二）②

（二十一）②

（二十三）②

腰や膝の悪い方などは無理に行わないように

うのもよいでしょう。朝、目が覚めた時、そのまま寝床のなかで行う時は、手は頭に当てなくともよいです。

【方法】

- 全ての動作を静かに丁寧に行います。
- 吸う息と吐く息の割合は一：一・五ほどで、慣れてきたら、徐々に吐く息を伸ばします。

① 息をゆっくり吐く。左手を頭の左半分に当てる。息をゆっくり吸い、息をゆっくり吐く。

② 右手を頭の右半分に当てる。息をゆっくり吸い、息をゆっくり吐く。

③ 手を後頭部の首から上（背骨の最上部と延髄まで）に当てる。息をゆっくり吸い、息をゆっくり吐く。息を吐き終わったら手を下ろす。①〜③を三回繰り返す。

④ 両手を頭に当て、全体をやさしく包み込む。息をゆっくり吸い、息をゆっくり吐く。息を吐き終わったら手を下ろす。

⑤ 最後に六音の呼吸（p.104）無声無音の呼吸を行い、透き通るような感じとなる。

音声

著者による声掛けを聴きながら、行ってください

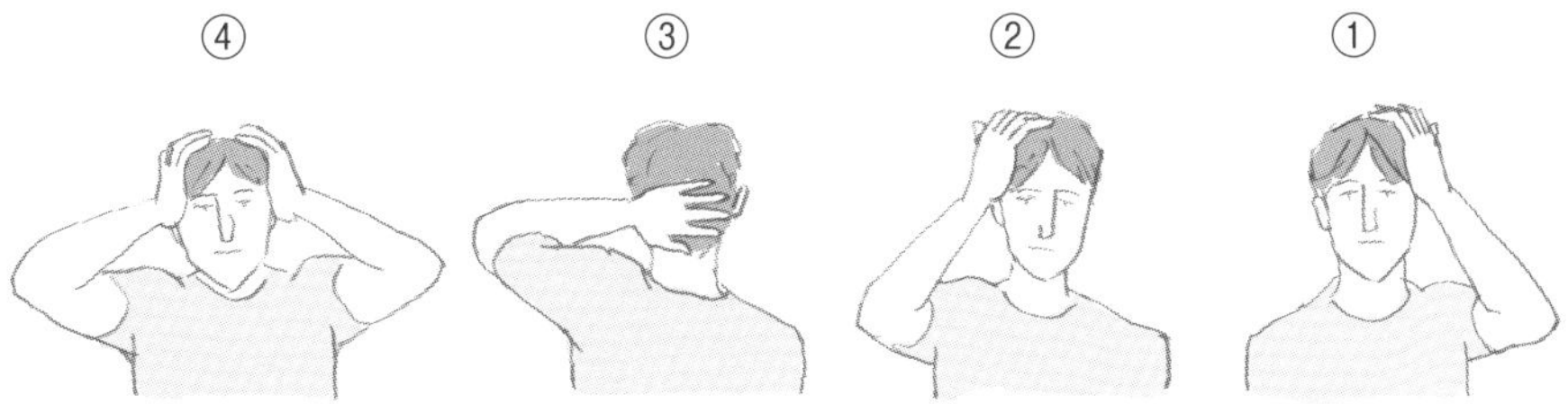

左右どちらの手を当ててもOK

起居における心得

稽古の目指すところ

ここで改めて申し上げておくことがあります。「気の錬磨」という名称はヨーロッパでも日本でも使われております。名称というものは大事です。それによって内容が明示されるからです。しかし、皆さんが呼吸法、瞑想法等を行う時には、名称のない自然な呼吸法、瞑想法と思って行ってください。行ってゆくにつれ、自然と身に付くことを実感されるでしょう。そして呼吸法、瞑想法、気の錬磨は、全てあなた自身のものになります。

前述した「気の流れと鍛錬」は「合気」の探究であり、植芝盛平先生の教えの探究でもありました。先生ご自身が「気の流れ」の姿であることも感じられました。自然の姿でありながら、全てが先生に同化する気風は不思議なほどです。先生と行動を共にしていると先生に呼ばれる前に「先生がお呼びになる」とわかるようになります。技のコツも、明瞭に感じられます。全てが先生の「場の中」に居るようでした。このことは芸術だけでなく日常生活、健康法等全てについていえることです。

日常の健康について

心は明るく積極的に朗らかに、体は自然の法則に従って、のびのびと活動することです。呼吸法や瞑想法においても、無理をしたり頑張ったりするものではなく、自然と気持ちよく出来るようになることです。

呼吸法、瞑想法など、先哲が示され、教えられたことをしっかりと守って、丁寧に稽古をしていってください。

【朝】

- 目が覚めたらそのまま体を伸ばし、足の平から背骨、頭頂まで呼吸を通す。養動法（p.133）や金魚運動（p.186）を行う。
- 鏡を見たら、笑顔になる。
- 朝の誓いを唱え、その心持ちで一日を過ごす。

【中村天風先生の誓詞（朝の誓い）】

今日一日　怒らず　恐れず　悲しまず、
正直　親切　愉快に、
力と　勇気と　信念とを持って
自己の人生に対する責務を果たし
常に平和と愛とを失わざる　真《まこと》の人間として生きることを、厳かに誓います。

［過ごし方］

● 常にプラスの暗示を自分に与える。
● 丁寧な言葉遣いをする。
● 人の悪口を言わない、また言われても、言い返さない。
● 外国へ行った時は、その国の国情をよく知り、相手の伝統や文化を尊ぶ。

［食について］

● 腹八分目とし、食べ過ぎないようにする。
● 季節のもの、新鮮なものを食べる。
● ご飯は玄米、パンは黒パン（ライ麦パン）。
● 魚は丸ごと食べられるものを、肉を食べる時は同じ量の野菜を食べる。
● 煙草は吸わない。強いお酒は飲まない。また毎日、飲酒しない。人間は植物と同じであり、アルコール飲料は末梢神経を枯らすのと同じ状態になる。

［夜］

● 昔、日が暮れると、武士は静かに過ごしたという。夜は暗示の感受性が強くなり、物事をそのまま受け入れやすくなる。そのため夜の過ごし方は大事であり、特に寝る前は、殺伐とした内容のテレビや映画等を見ないようにする。

一日の瞑想日記

夜にひと時をとり、行います。静かに呼吸をします。目は閉じるか、半眼。朝、目を覚ましてから現在まで、その日にあったことを克明に思い出し、上丹田、あるいは瞼に素直に描き出します。マイナスなことは絶対に描かない。反省する点、不出来なことがある時は、上手に出来たように丁寧に描き替えたイメージを描きます。暗いことは明るくなったように、必ず良い状態を描くことが大切です。たとえば、家族と口喧嘩をしたのであれば、仲直りしたところまでを描きます。中村天風先生の『真人生の探究』、「観念要素の更改」「自己暗示誘導法」「積極観念の集中法」等に学んでください。

金魚運動

植芝盛平先生が好んでされたものの一つです。

① 両脚を伸ばして仰向けに寝て、両手の指を頭の下で組む。足は踵から爪先まで立てて合わせる。

② 頭と両足を同時に同方向に振り、反対の方向に振り戻し続ける。力を入れてがたがた振らず、スイスイ動けるようになれば良い。

中村天風著『真人生の探究』

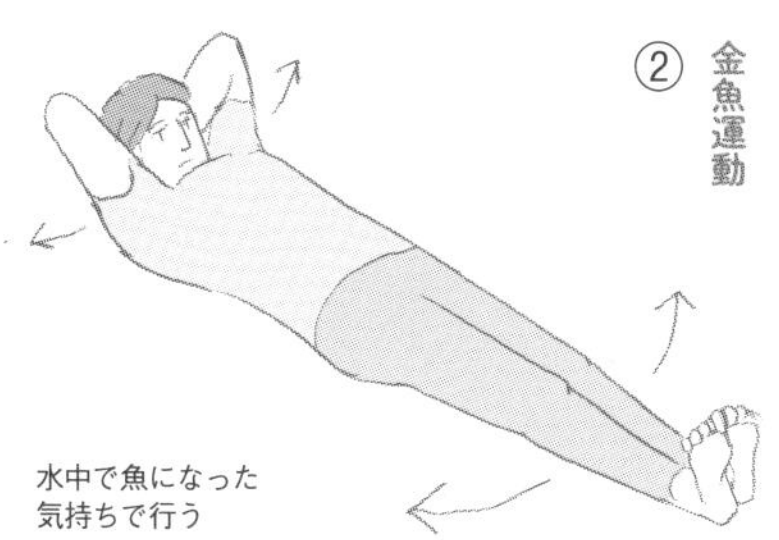
金魚運動 ②

水中で魚になった気持ちで行う

笑いの稽古

笑いの効用は多くの方も説かれることですが、「笑い[※]」は養生であると、中村天風先生も言われています。六音の笑いは、日常の稽古にも取り入れています。口を大きく開けて、無邪気に笑いましょう。

【方法】

「あ、い、う、え、お、ん」の六音を、腹式呼吸で笑います。「アッハッハ」と三回、「イッヒッヒッ」と三回、「ウッフッフッ」と三回、「エッヘッヘッ」と三回、「オッホッホッ」と三回、口を閉じて「ンッフッフッ」と三回、笑います。最後に、「あ、い、う、え、お、ん」の六音を続けて笑います。

※「笑い」については、中村天風著『研心抄』を参照のこと。

あとがき

古来より行われ、絶えることなく大勢の人々によって研究されてきた「人間探究の道」を、私は優れた先生方から教わり、さらに七〇年以上、日本とヨーロッパの人々と共に行ってきた合気道の稽古の中で湧出した法を加え、手順を付け記したものが、本書です。

この書に書かれていることは、全て蜂の巣のようにつながっています。「道は法によって達せられる」という言葉があります。この世の中には、宇宙の仕組みともいえる「見える世界の法則」と「見えない世界の法則」が一体となってあることを、深い瞑想の結果、悟り得た東西の哲学者が説いています。

アメリカのジョン・カバット・ジン博士によって提唱されたマインドフルネス瞑想が、科学を最も重視している医学の中で行われ、さらに巨大ＩＴ企業、官公庁、銀行、学校にまで広がっていることは、以前では考えられなかったことです。

二十一世紀は極微の見えない世界の物理学量子論、量子力学の進歩と共に、科学と瞑想法が共存発展する時代となるとも言われており、私もそうなると確信しております。

人は誰でも健康で長生きし、仕事、習い事なども上手になることを願っております。これは「自然な人の道」です。このため日常の生活で呼吸法、瞑想法を行うことはとてもよいことであると思います。本書が皆さんのお役に立つことを願っております。

最後になりましたが、フランスでの出版にあたっては、編集・翻訳に尽力された服部恵美子さん、柿崎・ライヤール深里さん、アシェット社のÉlise Ducampさん、Anne Le Meurさん、写真家のBlitz AgencyのMichel Zavagnoさんに、改めて心から御礼を申し上げます。

日本語版では、推薦の辞をパオロ・カルヴェッティ氏、クロソフスカ・ド・ローラ　節子氏に頂き、また、新たにイラストを描いてくださった岡田真理子さん、図版の作成では倉元孝三さんにお世話になりました。また資料、新聞記事等を集め整理した、稲門合気倶楽部（早稲田大学合気道会ＯＢ・ＯＧ会）、ＫＣ樹隣会（神戸女学院大学合気道部ＯＧ会）の皆さん、そして特にこの本の編集に多大な努力をされた世界文化社の土肥由美子さんに心から感謝申し上げます。

令和六年三月

井の頭公園の畔にて　多田　宏

参考文献

植芝盛平口述、高橋英雄編『武産合気』白光真宏会出版局、一九七六年
植芝盛平監修、植芝吉祥丸著『合気道〔復刻版〕』出版芸術社、一九九六年
植芝吉祥丸監修『合気神髄　合気道開祖・植芝盛平語録』八幡書店、二〇〇二年
植芝吉祥丸著、植芝守央監修『合気道開祖　植芝盛平伝』（新装版）出版芸術社、二〇一六年
植芝吉祥丸著、植芝守央編『植芝吉祥丸道主の肖像』出版芸術社、二〇〇〇年
講談社編『武道宝鑑』講談社、一九三四年
国書刊行会編『武術叢書』国書刊行会、一九一五年
中村天風『真人生の探究』天風会、一九四七年
中村天風『研心抄』天風会、一九四八年
中村天風『錬身抄』天風会、一九四九年
中村天風『安定打坐考抄』天風会、一九四九年
中村天風『哲人哲語』天風会、一九五七年
中村天風述、宇野千代著『天風先生座談』二見書房、一九八七年
（『中村天風の生きる手本』知的生きかた文庫、二〇〇七年）
中村天風『運命を拓く 天風瞑想録』天風会、一九九四年（講談社文庫、一九九八年）
杉山彦一『中村天風「心身統一法」解説　いのちを活きる』天風会、二〇〇八年
渥美和彦著、上野圭一聞き手『統合医療への道―21世紀の医療のすがた』
春秋社、二〇〇〇年
小倉鉄樹『おれの師匠：山岡鐵舟先生正傳』春風館、一九三七年
（ちくま学芸文庫、二〇〇一年）

石津寛『鎌倉夜話』（復刻版）十九会道場内再刊委員会、一九五五年
黒田亮『勘の研究』岩波書店、一九三三年（講談社学術文庫、一九八〇年）
黒田亮『続 勘の研究』岩波書店、一九三八年（講談社学術文庫、一九八一年）
岸根卓郎『量子論から科学する「見えない心の世界」―心の文明とは何かを極める』
PHPエディターズ・グループ、二〇一七年
湯浅泰雄『気・修行・身体』平河出版社、一九八六年
湯浅泰雄『身体の宇宙性―東洋と西洋』岩波書店、一九九四年
湯浅泰雄『「気」とは何か―人体が発するエネルギー』NHKブックス、一九九一年
金谷治訳注『論語』ワイド版岩波文庫、二〇〇一年
金谷治訳注『大学・中庸』ワイド版岩波文庫、二〇〇三年
蜂屋邦夫訳注『老子』ワイド版岩波文庫、二〇一二年
金谷治訳注『荘子』ワイド版岩波文庫、一九九四年
小林勝人訳注『孟子』上下巻、ワイド版岩波文庫、一九九四年
平岡禎吉『淮南子に現われた気の研究』漢魏文化学会、一九六一年
中野三敏校注『田舎荘子・当世下手談義・当世穴さがし』（新日本古典文学大系81）
岩波書店、二〇一七年
佚齋樗山著、石井邦夫訳注『天狗芸術論・猫の妙術全訳注』講談社学術文庫、二〇一四年
松浦静山著、中村幸彦・中野三敏校訂『甲子夜話』東洋文庫、一九七七年
大竹利典『平法 天真正伝香取神道流』日本武道館、二〇一二年
柳生厳長著『正傳・新陰流』大日本雄弁会講談社、一九五七年

笹森順造『一刀流極意』「一刀流極意」刊行会、一九六五年
今村嘉雄『史料柳生新陰流』上下巻、人物往来社、一九六七年
今村嘉雄ほか編『日本武道大系』本巻一〇冊・兵法家伝書一帙二冊、同朋舎、一九八二年
湯野正憲『剣心去来』鷹書房、一九六八年
佐藤通次・鷹尾敏文共著『武道の神髄』日本教文社、一九七七年
渡辺一郎編『史料明治武道史』新人物往来社、一九七一年
富永半次郎『剣道に於ける道』中央公論社、一九四四年
富永堅吾『剣道五百年史』百泉書房、一九七二年
柳宗悦『柳宗悦全集』第19巻、筑摩書房、一九八二年
梅田薫『心身改造 霊的断食療法』太陽社研究所、一九三七年
羽鳥操『「野口体操」ふたたび。』世界文化社、二〇二三年
二木謙三『腹式呼吸』文星堂、一九一一年
藤田霊斎『息心調和法』調和道協会、一九一五年
『調和道丹田呼吸法』調和道協会、一九九七年
ヨギ・ラマチャラカ著、二宮峰男訳『研心録』実業之日本社、一九二四年
パラマハンサ・ヨガナンダ著、自己実現同志会訳『あるヨギの自叙伝』森北出版、一九八三年
佐保田鶴治『ウパニシャッド』平河出版社、一九七九年
佐保田鶴治『解説ヨーガ・スートラ』平河出版社、一九八〇年
ヴァレリー・アンドリュース著、原礼之助訳『走る禅―自己改革のランニング』講談社、一九八〇年
ナムカイ・ノルブ著、永沢哲訳『虹と水晶　チベット密教の瞑想修行』法蔵館、一九九二年
成瀬雅春『ハタ・ヨーガ完全版』BABジャパン、二〇〇九年
大法輪閣編集部編『心と体をととのえる 呼吸法とマインドフルネス』大法輪閣、二〇一八年
高山峻『白隠禅師夜船閑話』大法輪閣、一九七五年
鎌田茂雄『白隠 夜船閑話・遠羅天釜・藪柑子』講談社、一九九四年
沢庵宗彭著、市川白弦訳注『不動智神妙録／太阿記／玲瓏集』ちくま学芸文庫、二〇二三年
鈴木大拙著、北川桃雄訳『禅と日本文化』岩波新書、一九九二年
鈴木大拙『日本的霊性』岩波文庫、一九九三年
平井富雄『禅と精神医学』講談社学術文庫、一九七九年
貝原益軒著、石川謙校訂『養生訓・和俗童子訓』岩波文庫、一九九二年
『広辞苑（第六版）』岩波書店、二〇〇七年
『字通［普及版］』平凡社、二〇一四年
多田宏『現代に活きる武道を目指して』多田宏師範傘寿・植芝道場入門六十周年記念誌刊行委員会、二〇〇九年
多田宏監修、山本カオリ撮影『気の錬磨―多田宏師範写真集イタリア合気会50周年記念』合気道月窓寺道場月合会、二〇一四年
多田宏『合気道に活きる』日本武道館、二〇一八年

多田 宏（ただ・ひろし）

昭和4(1929)年12月14日生まれ。東京都出身。早稲田大学第一法学部在学中の昭和25(1950)年、植芝道場に入門、合気道を始める。植芝盛平先生、吉祥丸先生に師事。同年、天風会入会、中村天風先生に師事。同年、一九会道場入会、日野正一・みちゑ先生に師事。昭和27年早稲田大学卒業。合気道の稽古と日本武道の歴史研究を専門とする道に進む。合気会本部師範、防衛庁師範を務め、慶應義塾・学習院・早稲田の各大学合気道会設立に尽力、師範となる。昭和39(1964)年渡欧し、イタリア合気会を創設するなど、欧州各国での合気道普及に尽力。昭和45(1970)年帰国後、日本とヨーロッパを往復し「合気道と気の錬磨」の指導と稽古を行っている。平成6(1994)年に武道功労者賞、受賞。平成30(2018)年にイタリア共和国イタリアの星・騎士勲章を授与される。平成28(2016)年NHKラジオ第1『ラジオ深夜便』「明日へのことば」出演。現在、公益財団法人合気会本部師範、国際合気連盟委員、イタリア合気会名誉最高師範、早稲田大学合気道会名誉師範、東京大学合気道気錬会名誉師範など。合気道九段。著書に『気の錬磨—多田宏師範写真集』『合気道に活きる』等。

装　幀：井上則人
本文割付：土屋亜由子（井上則人デザイン事務所）
写　真：Paolo Bottoni、河西春奈、大見謝星斗（世界文化ホールディングス）
協　力：イタリア合気会、合気道自由が丘道場、合気道月窓寺道場
イラスト：岡田真理子
図　版：倉元孝三
編　集：土肥由美子（株式会社世界文化社）
校　正：天川佳代子、米原典子

呼吸法から瞑想まで「気の錬磨」のすべて

生命《いのち》の力を高める「呼吸」

発行日　2024年4月10日　初版第1刷発行
　　　　2024年7月15日　　　第3刷発行

著　者　多田 宏
発行人　岸 達朗
発　行　株式会社世界文化社
〒102-8187 東京都千代田区九段北4-2-29
電話／03-3262-5124（編集部）
　　　03-3262-5115（販売部）

印刷・製本　中央精版印刷株式会社

ISBN 978-4-418-23431-8